Todos los libros de Linkgua Ediciones cuentan con modelos de Inteligencia Artificial entrenados por hispanistas. Pregúntale al chat de tu libro lo que desees acerca de la obra o su autor/a.

Para ebooks: Accede a nuestro modelo de IA a través de este enlace.

Para libros impresos: Escanea el código QR de la portada con tu dispositivo móvil.

Obtén análisis detallados de nuestros libros, resúmenes, respuestas a tus preguntas y accede a nuestras ediciones críticas generativas para una experiencia de lectura más enriquecedora.
La transparencia y el respeto hacia la autoría de las fuentes utilizadas son distintivos básicos de nuestro proyecto. Por ello, las respuestas ofrecen, mediante un sistema de citas, las fuentes con las que han sido elaboradas.

Fernando Ortiz

Entre cubanos, ensayos y artículos de psicología tropical

Barcelona 2024
Linkgua-ediciones.com

Créditos

Título original: Entre cubanos, ensayos y artículos de psicología tropical.

© 2024, Red ediciones S.L.

e-mail: info@Linkgua-ediciones.com

Diseño de cubierta: Michel Mallard.

ISBN rústica ilustrada: 978-84-1126-794-6.
ISBN tapa dura: 978-84-1126-272-9.
ISBN ebook: 978-84-9953-531-9.

Sumario

Brevísima presentación

La vida

Fernando Ortiz nació en La Habana, Cuba, el 16 de julio de 1881; falleció el 10 de abril de 1969 en la misma ciudad.

Cuando solo tenía dos años fue enviado a Menorca con sus abuelos maternos.

Con veinte años regresó a Cuba y aceptó un cargo diplomático que le condujo de nuevo a Europa, esta vez para ejercer como cónsul cubano en La Coruña, Génova y Marsella.

De ideario democrático, ingresó en el Partido Liberal en 1915. Pero el progresivo retroceso de los líderes del partido hacia postulados más conservadores, puso a Ortiz en el ala más izquierdista del Partido Liberal y, en consecuencia, en el centro de los ataques del conservadurismo que se había instalado en sus propias filas. Por entonces colaboró en la revista de avance. En 1931, ante el creciente número de políticos del Partido Liberal que mostraba su apoyo al dictador Gerardo Machado, rompió definitivamente con sus antiguos compañeros de militancia y se exilió a Estados Unidos, en donde empezó a difundir sus denuncias contra la grave situación en que se hallaba Cuba bajo la tiranía del gobierno de Machado.

Realizó notables estudios sobre la cultura afrocubana y la tradición insular, y sus ensayos sobre la presencia de África en Cuba son claves para cualquier estudios del género: *Los negros brujos* (1906), *Los negros esclavos* (1916), *Los bailes y el teatro de los negros en el folclore de Cuba* (1951) y *Estudios etnosociológicos* (1991). Otras obras destacadas son *Hampa afrocubana* (1906 y 1916), *Glosario de afronegrismos* (1924), *Contrapunteo cubano del tabaco y el azúcar* (1940), *Los instrumentos de la música afro-*

cubana (1952-1955) e *Historia de una pelea cubana contra los demonios* (1959).

Al dormido lector

No al que contempla de cerca los destellos de la vida civilizada en los países de menos luz de Sol y de más luz humana, no al que despierto y avisado observa atento la crepuscular vida de Hispanoamérica, conoce sus tonos apagados y se entristece por la falta de color vivo; sino a ti, soñoliento hijo de los trópicos, a ti van mis palabras.

A ti que duermes al borde del camino de la vida, mientras los fuertes van pasando en sus carros augustales de victoria; a ti que, dormido, sueñas y que soñando desprecias a los que trabajando vencen; a ti que solo piensas en el modo de no pensar nunca y que solo quieres no querer nada; a ti dedico esta colección de articulejos regados por diarios y revistas antillanas en las horas ociosas del bregar por la vida.

Descubrirás en ellos caricias y latigazos, besos y mordiscos, curvas sensuales de la mórbida fantasía criolla, lineas esqueléticas de nuestra pergaminada psicología; ansias del triunfo, vértigos del peligro; sensaciones de un cubano que quisiera ver cómo en la fragua del trabajo se ablandaba al rojo blanco la férrea inconsciencia de su pueblo, y cómo se doblaba ésta, una vez dúctil y maleable, sobre el yunque de forjadores artífices; golpes, en fin, de un brazo joven que aspira solo a martillear constante el hierro popular; que si éste es hoy frío y duro por falta de fuego de idealismos que lo caliente, el rudo martilleo habrá de servir siempre, si no cesa, ya que no para repujar conciencias, sí, cuando menos, como repique augural que llame a todos a la obra y despierte a los aletargados cual tú, lector dormido.

Diríase que en estas tierras que el Sol caldea, padecemos la enfermedad del sueño, la del sueño más terrible, la del sueño de las almas.

Dormimos profundamente en estos países intertropicales. Nada perturba nuestra invencible soñera. No se oyen ya desde hace años los fragores de la lucha independizadora, ni el estampido de los fusiles, ni el trueno de los cañones, ni el tétrico tintineo de los machetes que se cruzan, ni los ayes de los heridos, ni el seco golpe de los muertos al caer, ni las maldiciones del derrotado, ni los hurras del vencedor, ni el gemido de los huérfanos, el llanto de las madres y la plegaria de las esposas... Todo calló, hasta las auras funerarias callaron el responso de sus graznidos.

Dormimos, porque no llegan a nuestros oídos las notas agudas de la guerra extinta, ni las de nonnatos idealismos militantes.

Dormimos, porque no basta despertarnos el sordo rumorío de la política menuda y personalista que rastrea a abajo, muy por debajo del esquilón de nuestro histórico sagrario, secular y santo. Vivimos en el silencio de los cerebros, en la quietud de las voluntades.

Dormimos, no porque las brisas tropicales mezan con embriagadora dulzura nuestra hamaca perezosa, la hamaca donde se amodorran los pueblos fatalistas; sino porque ya, sin negritos que nos abaniquen y fuera del pasado que cerraba nuestros ojos, continúan éstos sin luz y nuestras mentes siguen en la soñolencia esclavizadora de los antañeros arrullos.

No importa que voces aisladas clamen por una vida de acción poderosa, por una fuerza de fe y por la dominación dictadora de nuevos ideales.

Dormimos todavía...

Y para despertar de esta modorra que dejaron en nuestro ánimo el veneno colonial y la embriaguez de la liberación, más que otros pueden, y pueden mucho, los cubanos que en el frío ambiente de lejanas y septentrionales tierras o en el del solitario gabinete de estudio, templar pudieron sus voluntades y acerar sus inteligencias. Ciertamente, mas sépase asimismo que en sociedades sembradas de democracia como la nuestra, donde por causas varias la aristocracia mental es escasa y débil, no podrá germinar la cultura sin que todos, así los grandes del pensamiento y de la acción, como los pequeños y humildes laborantes, nos brindemos a la tarea regeneradora, nos consagremos al trabajo para roturar el virginal terruño de nuestra psicología, abrir surcos en él con firme constancia pedagógica, esparcir a todos los vientos las ideas de la vida moderna que habrán de ser siembra de esperanzas si las regamos no con el llanto estéril de los desesperados, sino con el sudor fecundante del trabajo; que haciéndolo así verdeará el campo de la patria cubana, la savia dulce de la cultura llenará sus cañaverales y para todos será rica y buena la zafra futura de bienandanzas.

No nos importe hacer uso del crédito, no temamos cual colonos rutineros acudir al extraño refaccionista para un préstamo de energías y de ejemplos, que aun cuando haya que pagarle intereses de usura, rica será la hacienda si todos en ella trabajamos y la gobernamos bien, pues así cubrirá sus compromisos íntegramente y dará vida feliz y próspera a los que a ella dedicaron sus cariños y sus labores, y a los que, ingratos, la hicieron víctima de sus codicias y de sus bastardías, presa de zarzas y de la mala hierba. Haga cada cual lo que pueda, pero hagamos todos. Trabajemos con amor y fe, aunque seamos humildes. Así son las siguientes páginas; vea en ellas el lector los azadonazos de un obrero, las ansias hondas de un cubano que espigando en las tierras de la lejanía quiso lanzar después granos de simiente ultramarina a los terrones del suelo patrio.

Son pobres aquellos como la mentalidad que los recogiera; pero fueron tamizados por la sinceridad y éste sea acaso su único valor.

Vayan al aire, caigan en corazones puros y en cerebros generosos, germinen, y vengan otros y otros más, más lozanos y más robustos, y acudamos todos a la siembra nacional en alegre romería de creyentes, para que sea granada la mies y pródiga la siega. Trabajemos todos y limpiemos el campo de cizañas.

Pero despertemos pronto, sacudamos el sopor, volvamos a la vida del trabajo.

El dictado con que en días de revolución se quiso estigmatizarnos, sea hoy nuestro orgullo. Seamos de nuevo laborantes, como lo fuimos de la labor libertadora.

Laboremos, hijos de los trópicos, laboremos; que si en las jornadas de la Historia hemos de caer rendidos, no sea por el fárrago colonial que nos encorva, ni por el narcótico de la abulia que nos va matando; libres de uno y otro; sea nuestra caída la de los pueblos cansados de la labor, no la de los que, aletargados, han dejado cruzar por encima de ellos el carro de la civilización.

Poco he cavado, más cavaré con otros que cavando están.

Si al ruido de nuestras azadas los tropicales despiertan, para todos llegará Germinal y más tarde Fructidor y los días de Vendimiario.

El trabajo produce siempre, ruido al menos. Y esto es lo que más necesita hoy el pueblo criollo; ruido que lo despierte a la vida moderna, que es la vida del trabajo y de la libertad.

¡Despertemos! ¡Laboremos!...

Fernando Ortiz

I. Carta abierta. Al ilustre señor don Miguel de Unamuno, rector de la Universidad de Salamanca

Señor de Unamuno:

Acabo de leer vuestro trabajo, que tituláis «El Sepulcro de Don Quijote», y a fe que es oportuno, viril y noble. Os quejáis desde esa vetusta Salamanca, antigua «madre de todas las ciencias», de la atonía de la patria hispana, anémica de sentimientos, mendiga de ideas, eunuca de voliciones. Y vuestros lamentos llegan como un eco lastimero a esta porción de las Indias hiriendo nuestro ánimo, porque vuestras desdichas y las desdichas nuestras son notas de un mismo acorde en el triste ritmo de la gente ibera.

«Esto —como aquello— es una miseria, una completa miseria. A nadie le importa nada de nada. Y cuando alguno, trata de agitar aisladamente éste o aquél problema, una u otra ocasión, se lo atribuyen o a negocio o a afán de notoriedad y ansia de singularizarse.»

También aquí hace falta que surja un Pedro Ermitaño, predicando una nueva cruzada, una locura colectiva que galvanice al pobre pueblo.

Proponéis una empresa para rescatar el sepulcro de Don Quijote del poder de los bachilleres, curas, barberos, duques y canónigos. Y aquí es asimismo urgente esa cruzada para apoderarnos del sepulcro del Caballero de la Locura, profanada por los hidalgos de la Razón. Nos hace falta, como a vosotros, resucitar a Don Quijote, a nuestro ideal, que anda a tajos y mandobles con la farándula. Porque si de miseria, de completa miseria calificáis la vida espiritual de vuestra tierra, la de ésta llega hasta el raquitismo.

Faltos estamos de una estrella nueva y refulgente, como aquella por la que vos clamáis, que guíe a los cruzados de la idea. Tuvimos, sí, una estrella que brilló en nuestro cielo con fulgor divino, que creó el corazón de nuestro pueblo e hizo sentir hondamente a todas sus fibras; que dio fuerza de titán a su voluntad para quererlo todo y hacer dulce el sacrificio y tenaz el esfuerzo; que dio luminosidad a su mente para concentrar un ideal inconmovible y ciego como un culto; que bastó, en fin, para convertir nuestro terruño, de región políticamente incaracterizada de la tierra, en nacionalidad socialmente definida.

Sí, tuvimos nuestra estrella, nuestra buena estrella, la estrella solitaria, destinada quizás a fulgurar solitariamente en nuestra historia, a no cruzar sus destellos con los de otro u otros luminares que centellean bajo otros cielos.

Pero ya no guía a nuestros cruzados, si es que con cruzados contamos todavía. Ya se ha apagado en nuestras mentes, como si para fijarla e inmovilizarla en aquella bandera que por primera vez flameó el 20 de mayo, libre, acatada y orgullosa, hubiese sido preciso arrancarla de nuestras conciencias. Al pasar a ser símbolo de la independencia nacional, dejó de indicar el polo de nuestra vida, y hoy ésta se arrastra chapalateando por los fangales del egoísmo, en noche oscura, sin la luz de aquella estrella que por tanto tiempo nos señaló la vía de nuestra cruzada. Parece que las lágrimas de emoción gozosa con que bañamos entonces nuestra tierra recién libertada, regaron las zarzas de las pasiones innobles y las raíces de nuestra cizaña.

No sabemos a dónde vamos; hambrientos de ideales, infelices abúlicos, languidecemos al borde del sendero de la vida, esperando que algún piadoso caminante nos arroje migajas de civilización, o nos lleve compasivamente en su carro hasta un mesón vecino.

Nos faltan caballeros andantes que nos sacudan, que nos despierten de esta modorra tropical en que la victoria nos ha sumido, y que nos conduzcan, como caudillos de la fe, a la conquista de nuevos lauros, que los laureles mambises no deben servirnos de adormideras.

Suspiramos por Caballeros de la Locura que hagan llover cuchilladas sobre los ridículos retablos y figurillas con que los Maeses Pedros de aquende los mares entretienen nuestras mentes infantiles, que se entusiasman con tal o cual Don Gaiferos y llegan a creer en la libertad de Melisendra; cual si por tamaña empresa ilusoria fuésemos a armar nuestro brazo y a dar nuestra sangre.

Sobrados estamos aquí de Caballeros de los Espejos, que deslumbran a nuestras inteligencias de alondra, y solo son bachilleres rutineros, vulgares y socarrones, que intentan echar por tierra a todo caballero que defienda a botes de lanza la Dulcinea de su ideal, envidiosos de que la fama llegue a trompetear los nombres de estos esforzados paladines.

Todos nos creemos hijos de la Gloria, y llegamos a tomar en serio como función básica de nuestra vida, la del turiferario, sahumándonos recíprocamente, quemando mucho incienso, para que el humo espeso encubra nuestros andrajos y haga creer a los no iniciados que vivimos entre nubes, como los dioses. Y con frecuencia nos tenemos por tales y nos pavoneamos a nuestras anchas, y vamos hacia el mañana en la carreta de nuestra vida, que chirría quejándose, muy contentos y bullangueros por creernos emperadores y reyes, héroes y super hombres, como iban los farsantes en el carro de la Muerte, que topó el Gran Loco, enmascarados con colorines y llevando cetros de oropel.

Y no somos los menos ilusos los que debiéramos ser savia nueva para el árbol de la intelectualidad nacional.

Nos creemos ungidos por el Gran Espíritu; nacidos, como Minerva, de la frente de Júpiter, armados y prontos para vencer. Somos una legión de genios que escalaremos el Olimpo, si es que hay justicia bajo los cielos. Pero van corriendo nuestros días y permanecemos a ras de tierra, sin que se fijen en nosotros los que pasan y saben dó van, tras de su estrella. Y entonces comienzan por envidiar al compañero, como si no hubiese lugar para todos en la cruzada de las ideas, y tratamos de herirlo a mansalva para que el laurel que él pueda ganarse en la lucha no lo reste de nuestra corona la veleidosa Fama. Despreciamos a los que desde la cumbre nos llaman y estimulan y les achacamos nuestro fracaso, cacareando en todas ocasiones la impotencia de los viejos y la esterilidad de sus ideas. La pereza intelectual nos abotarga; desdeñamos a los maestros sin estudiarlos siquiera; criticamos con desenfado la obra ajena, con saña cruel si no es la de un iniciado en la farsa; queremos pintar la vida cuando no hemos aún vivido; intentamos ser poetas y subir al Parnaso con las alas de Ícaro de nuestros inconsistentes pensamientos de cera; pretendemos analizar la sutil psicología de los que viven, aman y piensan, no habiendo conseguido antes definir la nuestra propia, quizás porque la anestesia de nuestra ignorancia nos priva de sentir otras emociones que no sean las ordinarias producidas por el rudo martilleo de la vida sobre nuestro ánimo, bien distintas de las que derivan del suave cosquilleo de aquélla en los sentimientos cultivados.

Nos empeñamos en forzar la natural precocidad tan propia de los pueblos tropicales como de las razas inferiores y escribimos de pesimismos y desengaños cuando el bozo apenas nos hombrea y abandonamos los libros cuando deberíamos seguir deletreando.

Y así, tristones, impotentes inconfesos, envidiosos empedernidos y vanidosos insoportables, vamos subiendo la escala de la vida. Pero eso sí, pretendidos intelectuales o modestos profanos, todos tenemos una vanidad, que pudiera llamarse nacional, por su difusión: la del *choteo*. Es la desgracia criolla. Todo lo motejamos de ridículo; y apenas florece una idea en este nuestro árido campo, la reímos como niñería. Toda nuestra psicología presente, por lo menos en sus aristas más agudas, puede condensarse en una máxima que está de continuo en boca de todos y que nos complacemos en repetir hasta la saciedad, quizás porque comprendemos la amarga verdad que la filosofía popular encierra en ella: *Entre cubanos no andamos con boberías*.

Y *boberías* son aquí todos los móviles que en otras tierras inspiran enérgicamente a los hombres y los hacen vivir con fe, luchar con esperanza y triunfar con caridad.

No tenemos religión alguna. Somos descreídos. Nuestras ideas de ultratumba no pasan de ser burdas y mal pergeñadas supersticiones. Ni somos fervientes de un culto, ni sectarios del libre pensamiento. ¿Para qué? Nuestra mente comodona se deja arrullar por los ritos con el placer nostálgico con que oímos, cuando viejos, las consejas de las nodrizas y sentiríamos perder esa poesía. Y de ahí no pasamos: ser practicantes de un culto o ser ateos, pensar en el gran problema, eso es *bobería*.

Nuestra política es también incolora: hilado de ambiciones, madeja de vanidades, y tejido de amplios programas, tan amplios, que entre sus grandes mallas se escabullen las aspiraciones positivas, aunque no siempre bien determinadas, de nuestro pueblo. Tomar la política en serio es también otra *bobería*. Y hace años que vamos escribiendo nuestra historia, con subrayados de sangre que afligen, con capítulos de guerra santa, intercalados para solaz de los lectores de la edición barata, y con *ilustraciones* vergonzosas que reímos como chistes históricos y que llamamos *chivos*, para no tomarlos en serio y no incurrir así en otra *bobería*.

Nuestra ciencia, ¡ah! asombro indiscutible del orbe, según convenio tácito entre los hijastros de ella, que casi siempre es la inveterada Celestina de la codicia profesional. Pensar año tras año acerca de un problema filosófico, aislarnos en un laboratorio durante lustros para robar secretos a Natura... ¡bah! ¡otra *bobería*! ¿Para qué vamos nosotros a sacudir nuestra somnolencia característica? ¿Para qué sirven si no los extranjeros?

Nuestro arte es mercancía cotizable a bajo precio en este mercado, pero cotizable al fin; bufón y juglar para los magnates; en vase de piropos azucarados para nuestras mujeres; peana arcillosa para nuestro propio ídolo, y retablo de Maese Pedro para nuestro pueblo... Ya no es palanca de verdades y de bellezas, porque ello requeriría un trabajo incesante y el valor de afrontar el ridículo. Resignarse a tales sacrificios para tales conquistas, sería una grande y nueva *bobería*.

Nuestro problema económico, es materia interesante solamente para nuestros tutores, los *yankees*, destinados a beneficiarse de nuestra prodigalidades.

¿Para qué habríamos obtenido su cooperación sino para quitarnos este otro peso de encima?

Y preocuparnos por problemas que otros han de resolvernos ¿no es acaso la mayor de las *boberías*?

Más listos y avisados, pues, que otros pueblos, nos refocilamos de gusto en el lecho de nuestras ilusiones, que quizás algún día sea para nosotros como el de Procusto. Pero estamos padeciendo de un empacho de viveza y nuestra vida puramente vegetativa tiende a ser totalmente parasitaria.

El pueblo cubano, noblote, sincero e infantil, suspira inconscientemente por una de esas *boberías*, que en otros pueblos producen trascendentales sensateces. Recuerda que de bobos fueron tildados los Céspedes, los Martí, los héroes todos de nuestra única *bobería nacional*, que nos dio vida, fuerza y esperanzas, y clama por otros bobos andantes que den por tierra con tanto listo como sufrimos. Observa que cuando un individuo de instintos no rebañescos se aparta del montón de los indeferenciados, se le culpa de *bobería*, se le acusa de traidor a la patria por su abstención de la vida gregaria de los más... Ahí están los Lanuza, los Varona, los *Justo de Lara* y demás renombrados y escasos caballeros que calzan espuela de oro y luchan altivos y fieros, pluma en ristre y embrazado el broquel de su ciencia, por esas Dulcineas de las almas nobles que nosotros tomamos por *boberías*, motejados de *grandes bobos*, como le fue de gran tonto el Hidalgo de la Mancha por aquel sesudo eclesiástico que cuidaba de su estómago satisfecho en el Palacio de los duques.

Y ahora, vos, señor de Unamuno, que en las riberas del Tormes lloráis sobre las ruinas del templo hispano, hacednos merced y regalo de decirnos si nosotros, los de esta ínsula, que un *gran bobo llamó la más fermosa*, debemos o no alistarnos en esa santa cruzada que predicáis con tanto fervor; si encontraremos también la estrella que nos polarice hacia un ideal; y si no os parece a vos que ya va siendo preciso que los cubanos montemos de nuevo en Rocinante y bajemos de Clavileño.

Os guarde el cielo por luengos años con el acrecentamiento de fama y bienandanzas que os desea vuestro servidor humilde.

II. A Unamuno

Mi amigo benevolente y estimado:

No puedo resistir la tentación de dar al público unos párrafos que
en la última carta vuestra que he recibido, exquisita y chispeante,
acabo de leer para mi deleite. Me decís así:

> Hace cosa de un mes estuvo aquí Bobadilla (Fray Candil) y me
> aseguró que La Habana es hoy acaso el centro de más intensa
> cultura de la América de la lengua española. Y si el hecho no
> es tan conocido se debe, me dijo, a que los cubanos son más re-
> cogidos y menos exhibicionistas. Así será, pues yo recibo de la
> Argentina y de Chile mucho más que el doble de libros y publi-
> caciones que del resto de América, y he oído hablar de escritores
> cubanos a los que apenas conozco.
> Ese recogimiento no es bueno. El viejo proverbio de que el buen
> paño en el arca se vende, no reza ya en esta época de intensísima
> lucha de mercado. Se vende sí, al cabo, pero es cuando el pañe-
> ro se ha muerto de hambre. Si es que al país no le ha cogido la
> polilla. El tiempo es un gran factor y el darse a conocer pronto
> es ganarlo.

Ciertamente que en Cuba contamos con escritores capaces de sostener el parangón más riguroso con muchos colegas de los que bu-
llen allende los mares; pero no es menos cierto que mi compatriota
Bobadilla os ha exagerado la nota lisonjera, y que no se debe a falta
de exhibicionismo el escaso nombre que obtienen los intelectuales
cubanos.

Precisamente, uno de los factores que más embota nuestra actividad mental, es el elogio desconsiderado que se busca, se suplica

y se obtiene. Apenas sale un rapaz de la Universidad y hasta del Instituto, los amigos (y aquí todos somos amigos) buscamos un periódico donde saludar a la futura gloria de la patria, y le publicamos sus primeros versitos, rimados indefectiblemente para *ella*, y lo ungimos con todo el almíbar pegajoso de los adjetivos encomiásticos. Y ya es un genio.

Apenas un indiferenciado cualquiera sube algún escaño político, bien por arte de prestidigitación o por la anestesia de su propia ignorancia, que le permite subir sin lastimarse la epidermis en ciertas zarzas, no ha de faltarle un rotativo que ante él queme servilmente sahumerios, ni muchedumbres de mentalidad anémica, que por la ley psicológica del menor esfuerzo aceptarán sin análisis la opinión impresa y doblegarán sus espinazos ante el nuevo titán, asombro del orbe.

No es, pues, la falta de exhibicionismo lo que impide volar a nuestros hombres. Es que, por lo general, no producimos materia exportable a Europa.

La precocidad, el afán de triunfar pronto, la apatía característica de nuestra gente, esa misma vanidad de niños, el bombo al alcance del más microcéfalo, bastarían ya para dificultar en Cuba la producción intelectual legible en los centros de mayor cultura, si no tuviéramos en casa otros dos enemigos formidables, hijos legítimos de este ambiente de colonia y de factoría, de antes y después del 20 de mayo de 1902.

Es el uno la falta de ideales intelectuales. Los más interesantes problemas que en Norteamérica y en Europa no solamente preocupan a los científicos sino que llegan a interesar hondamente a los gobiernos, aquí son desconocidos por la masa del pueblo y por nuestros ídolos de barro. Los mismos partidos políticos que padecemos, no tienen programas verdaderamente diferenciados, y todos nosotros, *güelfos* o *gibelinos*, arrastrados por tales o cuales planetas y satélites, giramos en órbitas más o menos concéntricas alrededor del presupuesto, temerosos de que el cruce de algún cometa pueda mostrarnos con su luz propia y refulgente la pobreza de nuestro sistema solar. Y a éstos los llamamos abstenidos y los tildamos de antipatriotas porque perturban la modorra de nuestra digestión o quieren canalizar los impulsos del hambre nuestro.

Y, por fin, aquí todo se mira a través de un peso. Ciencias y artes, honradez y virtudes, alegrías y dolores, nada se considera sino con corazón de mercaderes. Y así anda ello, convertido el país por culpa de todos, en desenfrenada almoneda donde se truecan los más puros ideales de la adolescencia por un plato de lentejas o una piltrafa de poder.

He buscado para perfumar mi mesa de trabajo el ramito de violetas o de jazmines que durante años me vendía diariamente una encantadora *ciociara* romana; he buscado aquella fe en las ideas que acicalaba en otros países mi afán de razonar; he buscado para mí aquel respeto benévolo y aquella censura noble que levantan y estimulan... ¡bah! ¡quién sueña con esas *boberías* en este país que no *necesita favores de ninguna extraña tierra*, según reza la fanfarrona copla popular!

Creedme, amigo Unamuno, no es que guardemos el paño en el arca: es que cuando jóvenes, nuestra natural impericia nos hace tejer sin arte, y es que cuando viejos, arrinconamos el arte porque ya hemos convenido en que el mejor tejido es el de la burda tela de las talegas de centenes.

Hacemos y nos conducimos, tal como hacéis y os conducís vosotros en Iberia —según criticáis en vuestra original «Vida de Don Quijote y Sancho»— y es que Cuba, en no pocos aspectos, es más española que España.

Admirador vuestro y devoto amigo.

III. No seas bobo

No ha mucho que contestando a una de las cartas con que bondadosamente me honra Miguel de Unamuno, el original publicista vizcaíno, ponía de relieve el hecho conocido del escaso vuelo que alcanzan nuestros intelectuales cuando se trata de atravesar los mares y llegar, al soplo de la fama, hasta las costas ibéricas, por lo menos, o hasta las metrópolis del saber.

En efecto, en Cuba no producimos por lo general materia exportable a Europa y nos contentamos con el aplauso de los amigos y con el comentario meloso de la prensa local.

Como fenómeno paralelo al expuesto se presenta la escasa importación intelectual que hacemos de los países cultos. No tengo al alcance de mi mano, ni creo que existan, estadísticas de la literatura que pasa por nuestras aduanas: pero lo cierto es, y ello está a la vista del observador más superficial, que el nivel de cultura medio de nuestro pueblo es bastante inferior al de los pueblos europeos y norteamericanos.

En materia de ilustración, como en todos los aspectos de nuestra vida, la característica es: el *choteo*. Es la desgracia criolla. Nos burlamos de todo, no con la sonrisa volteriana de un escéptico, sino con la carcajada estúpida de la ignorancia vanidosa. La cultura entre nosotros es pedantería. ¿Para qué sirve? se preguntan los insoportables listos de nuestra tierra. Y a fe que no les falta razón para ser pesimistas.

Por una parte, en el ambiente económico, las fortunas se amasan aquí más con la constancia triunfadora del trabajo que con la intelectual trama de las explotaciones industriales y de las negociaciones mercantiles. Tenemos trabajadores como esclavos: pero no contamos con *inventores de patentes* ni con revolucionarios del rutinarismo mercantil.

El ambiente literario ofrece gran número de escribidores profesionales y escasos pensadores especialistas y más productores que autores, más vulgarizadores que originales. El pueblo paga, es un decir, aplaude y hasta llega a convencerse del genio asombroso de quien escribe de todo y en toda la prensa, valorando métricamente los escritos; hablar mucho vale más que hablar bien, y hablar, más que pensar.

El ambiente político, es campo de abrojos roturado por el machete, que no por el arado, y donde al abono de ideas se prefiere el abono de sangre y de indignidades.

En todas las fases de la vida cubana se confirma la certeza de un fenómeno social reconocido en todas partes, que puede expresarse de manera similar a la conocida ley económica llamada de Gresham: «La moneda mala aparta de la circulación a la buena; pero la buena no puede retirar la mala», que solo el Estado podría recoger.

Cuando los que más gritan son los oídos, y cuando el brillar de un machete sugestiona más que el brillo de una idea, los que no pueden dar a las masas más que el fruto de su cultura y la serenidad de su espíritu tienen que apartarse de la vida pública, y dejar paso al torrente de moneda falsa que inunda el país y lastima su crédito, provocando la bancarrota del Estado impotente para retirarla de la circulación.

No importa, pues, en Cuba ser o no mentalmente civilizado; es preciso únicamente ser listo. En otros países, cuando se quiere apartar a un individuo de una senda distanciada de la que sigue la mayoría, se le dice: no seas ignorante; aquí le decimos: no *seas bobo*, porque la cultura no interviene absolutamente en el éxito de los triunfadores, y la *bobería* es nuestra muerte civil, que castigamos con la más implacable de las armas: con el *choteo*, sin pensar que esta es de dos filos y propia de pueblos que carecen de otras más nobles, más civilizadas y más dignas.

IV. Iniciativa intelectual de un cubano

La reunión de diplomáticos iberoamericanos en la capital del Brasil, con motivo de haberse celebrado en ella la Tercera Conferencia Internacional Americana, debe producir entre otros frutos ópimos, uno importantísimo para todos los que nos interesamos, en la medida de nuestras fuerzas, por la vida intelectual de esta parte del mundo, viviendo en ella y arraigando en ella el tronco de nuestros ideales.

Me lo comunica su iniciador, el que ha estampado el primero su firma en el documento extendido a manera de solemne compromiso entre los fundadores. Me entera de ello, uno de los tres intelectuales cubanos que a Río de Janeiro fueron en representación de nuestra incipiente personalidad internacional, el señor Gonzalo de Quesada, a la vez que me honra solicitando mi modesta adhesión.

Se trata de facilitar la aproximación de los intelectuales americanos entre sí.

No hay duda de que el alejamiento en que viven los autores y publicistas de Iberoamérica, es mayor del que pudiera justificarse por razón de la dificultad de las comunicaciones entre los Estados de la misma.

Tenemos un desconocimiento casi absoluto de nuestros intelectuales, y si el nombre de alguno de ellos nos llega a ser conocido es cuando arriba a nuestras playas al soplo de la gloria, que ya le han regalado en los centros de intensa cultura del Viejo Mundo.

En Cuba, y vaya un ejemplo, no se encuentra un solo libro argentino; para conocer al psicólogo Ingenieros, al sociólogo Drago, al antropólogo Vucetich, al penalista Pinero, al enciclopedista Quesada... hemos de acudir al mercado librero europeo, porque nuestras librerías no tienen obras argentinas, ni correspondencia con libreros de Buenos Aires.

Los medios de que intentan valerse los generosos propulsores de la idea, son acertados y serán eficaces si consagran a ella actividad y entusiasmo. Hélos aquí:

Primero: Fomentar la creación, en el país respectivo, de un Centro que se comunique con los que se establezcan en los otros y cuyo fin será el de estrechar las relaciones literarias y científicas de las Repúblicas de América, provocando el canje entre ellas de las obras nacionales que se hayan publicado o en adelante se publiquen.

Segundo: Excitar a los autores para que remitan sus obras a las Bibliotecas Nacionales, y solicitar otro tanto de la Prensa.

Tercero: Propender a que ésta sostenga el canje con el resto de América.

Cuarto: Estimular los estudios de crítica de las obras que se remitan, e inquirir los medios más oportunos para que los editores y libreros se ocupen en la propaganda de obras científicas y literarias; y

Quinto: Publicar una Revista anual que registre el movimiento intelectual de América, donde figuren las producciones más notables de cada país americano.

Especialmente una Revista Internacional hispanoamericana, dedicada única y exclusivamente al estudio de la orden mental de las repúblicas de habla latina, podría ser el mejor nexo que uniera a los directores del pensamiento americano en la esfera de las letras, de las ciencias, de la política internacional, de las artes...

Falta, mucha falta hace este órgano de seria publicidad a la cultura de los pueblos latinos de América. Innegable es que nuestra civilización no es la más avanzada, que llevamos en nuestra marcha progresiva una inmensa impedimenta de razas inferiores, importadas y autóctonas, que los factores telúricos y económicos influyen despiadadamente en la anemia de nuestra mentalidad, que las difíciles comunicaciones interamericanas impiden la conexidad intelectual de nuestras repúblicas; pero si nos convencemos y conseguimos llevar a la realización la ley biológica, tan olvidada por los latinos, de la asociación para la lucha, podremos algún día presentar un bloque mental iberoamericano bien unido, resistente y bien caracterizado, ante las agrupaciones y escuelas de los pueblos europeos.

Por nuestro abandono indisculpable, poco se sabe de América en Europa, donde todavía son posibles obras como *Vues d'Amérique* de Paul Adam, tan faltas de observaciones como carcomidas de disparates.

No hace mucho, para citar un caso, recibí una carta de un buen amigo europeo, publicista, que, aunque joven, ha conquistado en su país fama de experto antropólogo, haciéndome una curiosa petición: la de que le buscara y remitiera para su ya valiosa colección, un cráneo de indio guaraní, de la tribu así llamada, habitante en las selvas brasileñas. «La proximidad entre Cuba y el Brasil —me decía— le hará quizás posible la adquisición de ese ejemplar.» Pero ignoraba mi cultísimo amigo que para ir de Cuba al Brasil la vía más cómoda es la de ir hasta Europa y tomar después allí un rápido vapor en compañía de los europeos asombrados de nuestro largo viaje dos veces trasatlántico.

Otro caso. En el *Tutmonda Jarlibro Esperantista de 1906*, en ese anuario universal de los entusiastas y triunfantes discípulos que en todo el mundo tiene el Doctor Zamenhof, se dice:

Dominicana Republico (¡Sudo-Amerika!) y tambén: Argentina Respubliko (¡Centro-Amerika!).

Cuando la cultura iberoamericana sea compacta y tenga un heraldo serio y valioso, se podrá llegar mentalmente a los centros ultramarinos sin necesidad de canjear su noble caracterización americana por una europeización formal y a menudo ridícula.

Obra buena sería la proyectada unión intelectual iberoamericana, que reforzaría el impulso civilizador de esta parte del mundo,

destinada a asegurar el renacimiento vigoroso de la cultura latina,
como nos profetiza el generoso Onésimo Reclús.

32

V. De un libro, que es un puñetazo

En estos días en que una conmoción sísmica ha destruido la capital de una isla vecina, y en que ha resurgido de nuevo a la superficie de nuestro pantanoso mundo político la ardiente lava de nuestro carácter volcánico, ha salido de la prensa habanera un libro de 200 páginas, trabajado en el cerebro de un pensador sereno y analista, matizado de datos terribles y luminosos como las llamaradas de un volcán, inspirador de un pesimismo triste e imponente como el negro penacho que corona los cráteres humosos.

El libro de F. Figueras, titulado *Cuba y su evolución colonial*, es una gallardía de la intelectualidad, que debe merecer el aplauso de los buenos y de los honrados. Los que acostumbrados están en Cuba a registrar los latidos de la intelectualidad nuestra, anémica, raquítica y ¡por qué no decirlo! hasta cobarde, se sorprenderán de que, de improviso, sin que heraldos y trompeteros hayan anunciado su aparición, entre brioso en la justa política un caballero de bruñida armadura y tajante espada dando tajos y mandobles contra la farándula.

Es muy común entre cubanos —y entre cubanos tenía que ser— que la opinión pensada y seguida en la esfera de la amistad, sea distinta y hasta opuesta a la proclamada y sostenida en público; tanto más cuanto aquélla es más sincera, más independiente y más personal. En el ambiente mercantil en que vivimos, las tretas comerciales pasan corrientemente a la política; y los tenderos de ésta, temerosos de que si expenden un solo giro de ideas y de reformas, no ha de llenar sus cajas el público parroquiano, prefieren todos ellos venderle unos mismos géneros y toda clase de artículos, desde las acciones políticas que se cotizan en las bolsas de la plutocracia, hasta el mendrugo de pan que se anuncia en las pintorreadas barracas del socialismo callejero.

Y así anda ello, convertidos nuestros partidos políticos en tiendas mixtas donde se vende de todo lo que puede necesitar o antojársele a uno de la parroquia: ¿que éste es un potentado solicitador de un cimiento oficial para sus fraudulentas empresas? pues se le hace descender secretamente a las cavernas del partido y de allí se sacará el granítico bloque solicitado; ¿que este otro es un pobre diablo quejoso de las miserias humanas y clamando por las reformas económicas y morales? pues el ascensor de la retórica lo subirá al departamento alto de la tienda política, a las alturas de la ilusión, donde el pobrete, atolondrado y sorprendido por lo fácil de la subida, quedará expuesto al frío del desengaño y al vértigo de la demagogia.

Y de ahí las ruidosas quiebras de nuestros partidos políticos; pero bien es verdad que éstos, desde que la República permitió la más cruda y encarnizada competencia entre los mercaderes del bien público, se han formado no como las sociedades colectivas, donde cada socio aporta todo el capital de sus fuerzas, de sus ideas y de su honor, donde cada uno puede llegar a perderlo todo, donde todos y cada cual llevan su parte en el trabajo como en las utilidades, sino que se han organizado como pomposas compañías anónimas, en las que cada accionista sabe de antemano que es poco lo que tiene que perder y poco lo que arriesga, para ganar mucho o para ganarlo todo, y en las que, el dividendo del éxito se repartirá a gusto de los directores, únicos al fin siempre gananciosos.

Por eso el libro de Figueras, debe señalarse con piedra blanca en el encharcado camino de nuestra vida pública, porque es sincero, porque rompe los moldes de barro de la opinión organizada, porque es personal y libre de dogmatismos anacrónicos y de credos caducos, porque no muestra al público los chillones colorines de infantiles baratijas, porque no le admite a este la moneda falsa de la aprobación inconsciente, porque no envuelve sus ideas en floreados papeles de retórica, porque es valiente.

No he de detenerme a analizar los capítulos del libro de Figueras, pues ello me llevaría a considerar los varios aspectos de la sociedad cubana ya en sus matices étnicos, ya en su base de sustentación física, ya en su funcionalismo histórico y actual; labor ésta que requeriría otro libro. Pero no he de negar que muchas afirmaciones que hace Figueras en su libro pecan de precipitadas, más que por lo incompleto de los datos, por una débil sintetización sociológica. Por otra parte, en un trabajo de índole positivista como debe ser el de Figueras, no puede prescindirse de brindar al lector las garantías necesarias de la autoridad de los datos fundamentales, los cuales —especialmente cuando son históricos, antropológicos y estadísticos— no pueden quedarse bajo la única garantía del autor que los utiliza, pues aun siendo siempre ésta muy respetable, jamás se libra de subjetivaciones más o menos inconscientes y comprobables. Figueras colecciona mucho dato curioso y útil —algunos prolijos en demasía—; pero no dice siempre de qué arsenal lo ha obtenido.

Y, por fin, Figueras se deja arrastrar por un pesimismo tan hondo, que olvida, en este libro demoledor, la tarea ardua pero necesaria de señalar siquiera los sillares de nuestra personalidad colectiva que pueden resistir el choque del desmembramiento y servir de zócalo al futuro edificio de la grandeza cubana. Es de esperar que escritor de pluma tan independiente, de criterio tan analista, de mentalidad tan estudiosa, nos regale un próximo libro que nos enseñe las líneas principales del estilo arquitectónico con que la evolución histórica edificará mañana en el solar de nuestros hijos, hoy agrietado templete de nuestras vetustas idealidades.

El libro de Figueras, es rudo como un puñetazo. ¡Ojalá que al golpe despierte nuestro pueblo —ese Siboney de pasas y boina—! ¡Ojalá! Porque si sigue amodorrado por el estribillo del himno bayamés que le zumban sin cesar los tábanos que lo desangran, llegará el día en que las brisas antillanas entonarán plañidero *Dies irae* en los funerales de un pueblo muerto sin gloria.

VI. ¡Más machetes! ¡Pobre Cuba!

Aquellas lisonjeras vanaglorias nuestras de la primera intervención pasaron para siempre. Recordemos hoy una sola de ellas, la que para nosotros, hijos de raza ardiente nacidos bajo un todavía más ardiente Sol, nos llenaba de júbilo y hacía que mirásemos con desdén a los pueblos hermanos de América Latina, a los que a cada momento en nuestra prensa llamábamos convulsivos, permitiéndonos a veces hasta darles consejos, como rapazuelos que nos pavoneábamos con nuestros recién conquistados calzones largos, y con aires de octogenarios.

Me refiero a aquel enorgullecedor contraste que todos nos complacíamos en vulgarizar fuera de Cuba: teníamos más maestros que hombres armados.

Sí, pasó aquello para no volver quizás. Nosotros, los que nos hombreábamos seriotes y graves, hemos sido llevados al reformatorio, como niños malcriados. Y lo más curioso del caso es que después de haber luchado durante varias generaciones para sacudir los gobiernos militares, después de haber ridiculizado el militarismo con nuestras revoluciones, después de haber sufrido y llorado bajo el peso de la espada, estamos en peligro de caer sin remedio en un régimen militarista, en un sistema gubernamental de bayonetas. Vamos a retrogradar en la evolución política.

El gobierno interventor ha creído conveniente aumentar hasta 10.000 el número de nuestros guardias rurales, y esta medida gubernativa acaso llegue a ser considerada como orden inicua, inspirada por el gobierno interventor.

Porque, si bien es verdad que no pocos han aplaudido el aumento anunciado de la fuerza armada y hasta han pensado —con la ingenuidad de un niño— que si en Cuba hubiese habido 10.000 guardias rurales, no habría sucedido la revuelta de agosto, lo cierto es que, los que así piensan, o no se han dado cuenta exacta del significado hondamente social y superficialmente político de la orden comentada, o son de los que solo pueden afirmar su personalidad y su favoritismo políticos al amparo de los fusiles.

¿A qué vienen esos 7.000 soldados cubanos más? ¿A perseguir el bandolerismo? No, porque para luchar con éste, no hacen falta ni la mitad de esos hombres, si les anima buena voluntad. ¿A impedir agresiones extranjeras? Tampoco, nos basta la fortaleza de la White House. ¿A hacer imposibles las revoluciones? ¿Sí?...

Seamos cuerdos. Armar a 7.000 cubanos más no es sino preparar a otros 7.000 revolucionarios; es echar más pólvora a nuestra explosiva impulsividad.

Los que no desconocen la historia de nuestros compañeros de convulsivismo (llamémosle así, como los médicos que disfrazan con una voz técnica, lo vulgar y repulsivo de una dolencia), ni se dejan llevar todavía por lirismos militaristas, ni suponen que la vida de las sociedades se reduzca a la de los partidos políticos que se sustentan en ellas, no olvidarán que las revoluciones las hacen los generales infatuados, que el uniforme militar no quita a la sangre criolla un solo grado de calor, ni impide que el Sol inflame los cerebros y haga hervir las ideas.

Aumentar a 10.000 el número de cubanos armados no es sino lograr que la próxima revolución se vaya elaborando con mayor tenacidad que la pasada. En nuestra última algarada, no fueron pocos los armados del gobierno que se pasaron a los rebeldes, y si aquella hubiese durado más, cabe sospechar —dicho sea con criterio inofensivo, pero sereno y franco— que las deserciones en masa habrían sido más de las que fueron. Y téngase en cuenta que la fuerza armada fue alistada en su mayoría por el partido dominante.

Repártanse 15.000 cubanos armados por el territorio nacional (guardias rurales, soldados, artilleros, policías municipales, etc.), sométanse a jefes también cubanos con prestigios obtenidos en una, en dos, y hasta en tres rebeliones; dejen los interventores que nuestro Estado se sostenga en este ejército, y se verá cómo nace la dictadura, o cómo el jefe militar de tal provincia se pronuncia por el partido A para lograr el entorchado, cómo los soldados de tal región siguen en sus ambiciones a su general que es del partido B... cómo en Cuba no habrá paz, cómo al caudillaje civil sucederá la bandería militar de los uniformados. Cien machetes cubanos son cien amenazas a la paz; una ametralladora americana es la garantía de la misma. ¡Triste realidad!

La fuerza en sí, es como la intervención, ni mala, ni buena. Si el fracaso de la república cubana se debe no a factores solamente políticos, sino a factores completamente sociales; si no hemos perdido la jugada por la fuerza o debilidad de los azules o de los rojos, sino porque ambos hemos sido igualmente ineptos y hemos querido apoyar nuestra ineptitud en la fuerza, unos desde arriba a lo Zar, otros desde abajo a lo Ravachol ¿por qué hemos de creer que aumentando en Cuba el número de machetes —todos estos servirán siempre a un solo amo—? Y aunque así fuera, si el que se hiciese amo de ellos resultare ser un tirano, ¿seguirán los machetes siéndole fieles y serviles? En caso afirmativo, ¿sería plausible una dictadura tiránica, por el mero hecho de ser nacional? En caso negativo, ¿quién fijaría el criterio regulador para legitimar las rebeliones contra el tirano? ¿no serían siempre los partidos políticos los que dispondrían de la fuerza armada compacta o fraccionada?

Los interventores nos regañan porque nosotros queremos siempre afirmar nuestras niñerías a palos, y para impedirlo en lo sucesivo nos arman con fusiles; ¿no sería más lógico, más eficaz y, sobre todo, más honrado, que los tutores quitaran de nuestras manos infantiles los palos y los fusiles y nos pusieran un dómine con palmeta?

¿O es que quieren ponernos de nuevo en libertad, para que vayamos a la próxima riña fraternal no con los puños tan solo, sino con afilados puñales, y poder en definitiva y con justicia internacionalmente teatral, pasarnos del simple reformatorio a la cadena perpetua?

Porque si los americanos siguen esta vez un plan inverso al anterior y trabajan por nuestra más completa e inmediata desamericanización, como así parece, cabrá pensar que también en la vida de los Estados hay émulos del proverbial Juan de Robres, que creaba el hospital, pero también los pobres.

¡Más machetes! ¡Pobre Cuba!

VII. ¡Miserere!

Fue un error infantil creer que el triunfo de la revolución de Baire había de curar nuestros males hondos e inveterados. Los paliativos estrictamente políticos nunca sanan males que son complejamente sociales, étnicos y telúricos. La cesación de la soberanía española no cambió ninguno de nuestros intrínsecos factores básicos, y la bandera tricolor solo fue izada para que a su sombra medrara una mesocracia criolla antes proscrita por la transatlántica, y crecieran parasitariamente los logreros de siempre, los eternos pescadores en todo río revuelto.

Pero ni las clases desheredadas han hallado en los pliegues de la enseña libertadora la sombra siquiera de un positivo avance integral, ni la burguesía ha oído en el victorioso himno bayamés el arrullo de paz que en la cuna de la patria había de adormecer todos aquellos impulsos innobles que se decían heredados.

La Patria no ha encontrado en sus hijos un solo sacrificio y la legendaria estrella solitaria, más solitaria que nunca, sin héroes a quien guiar, palidece en su campo de sangre, iluminando con sus tristes destellos la agonía de un ideal que muere sin gloria.

VIII. La irresponsabilidad del pueblo cubano

Un batallador periodista, escritor estudioso y de actividad profunda, que día tras día hace gala de su cultura en las columnas de *El Comercio*, fue invitado hace poco para dar una conferencia en la velada que en el local «La Unión», de Consolación del Sur, organizó la «Asociación de Estudiantes Vueltabajeros».

La conferencia fue pronunciada y hoy podemos saborearla impresa, los que no pudimos gustarla oyéndola.

Al frente de su carátula, lleva este elocuente título:

«El pueblo cubano es virtuoso.» «La responsabilidad de sus clases directoras.»

Llegada a mis manos la conferencia de Wifredo Fernández, viene a traerme ráfagas de aire puro, oxigenación de ideas, vivificación de crecientes y mal reprimidos abatimientos.

Sí. Efectivamente, se peca mucho cuando se pretende descargar sobre nuestras masas populares toda la responsabilidad de los males presentes, esa responsabilidad terrible que muy pocos debieran compartir. Pocos pueblos estudiará la Sociología contemporánea donde la crema social —que diría Novicow— sea más reducida que en nuestro país.

La historia de Cuba, antes como ahora, la han hecho y hacen muy pocas personas.

En los primeros siglos de la vida cubana —quizás pudiera decirse hasta bien entrado el siglo XIX— la historia patria la iban forjando unos pocos plantadores dueños de vidas y haciendas —sustitutivos históricos de los medioevales señores del feudalismo— y unos escasísimos militares y magnates. Más tarde, cuando el resplandor de la hoguera revolucionaria francesa llegó a estas Indias Occidentales, fulguraron algunas inteligencias, y en la tierra cubana, antes que el machete dejara de ser arma pacífica, fueron armas poderosas la palabra y la pluma. La crema social se fue haciendo más compleja, su irisación nos fue presentando más polícromos matices; pero la gran nave social siguió todavía sumergida en su casi totalidad en las negruras de la inconsciencia, de que hoy va poco a poco librándose por su propio esfuerzo,

Y cuando la élite de nuestro pueblo pudo ser más coherente, el estallido de los movimientos insurreccionales genuinamente separatistas, vino a disgregar los escasos elementos de nuestra aristocracia natural y a separarlos con honda sima.

El ideal mambí recorrió su ciclo; llegóse al 20 de mayo, y por ineludibles e inevitables leyes históricas, nació nuestra república, con su clase natural y sociológicamente directora dividida profundamente. Si antes timoneaba la nave cubana la clase rica y española de nuestra población, siendo su política la única que flotaba en el revuelto mar de nuestra vida pública, después, esta parte de los elementos imprescindiblemente co-directores de toda sociedad humana, fue seccionada del organismo nacional y privada de toda acción inmediata en la dirección de nuestra marcha política, sometida ésta al impulso exclusivo de la población nativa, por lo común falta de riqueza. Antes como ahora, pues, nuestra ya de suyo escasa *élite* social, ha estado y está, por razones históricas, más incoherente en su organización y más comprimida en su actividad, que lo que siempre hubiera convenido por razones de sociología.

Ante este triste, y todavía hoy en gran parte inevitable fenómeno, surge el todavía más sombrío aspecto de la deficiente preparación de nuestras masas populares y por tanto, la poco menos que absoluta irresponsabilidad que puede corresponderles en los fracasos de una vida política en la que solo intervienen como objetos y jamás como sujetos.

Basta considerar el siguiente dato. Según el censo de 1899, el 63 % de nuestra población total no tiene la más elemental instrucción (49 % entre los blancos cubanos, 72 % entre la raza de color). Y por si este dato no es lo bastante elocuente, sépase que en 1899, de los 299.905 ciudadanos cubanos que entonces tenían edad electoral, unos 170.000, o sea bastante más de la mitad, no sabían leer ni escribir.

El transcurso de estos últimos diez años no puede haber alterado profundamente la posición del problema de la ignorancia de nuestra masa popular.

Incoherencia y disgregación en las clases directoras, ignorancia en las dirigidas: he aquí nuestros estigmas.

Y nada hemos hecho por borrarlos. Como dice Wifredo Fernández, «diez años hace que se abrió en el alma popular el surco donde debiera depositarse la semilla de nuevas y salvadoras enseñanzas, y diez años hace que venimos regándolo con el germen perturbador de apasionamientos y de intransigencias políticas, que amenazan hacer muy débil nuestra nacionalidad y que en algunos momentos ha llegado a comprometerla seriamente».

Pero la incoherencia de las clases directoras se domina y la ignorancia de los humildes se vence; y saber que tal regeneración puede lograrse, equivale a sentir el compromiso de luchar por ella.

Por esto, cuando sé de voces amigas de uno u otro bando, libres de esa humarada asfixiante producida por el fuego de las pasiones políticas, que claman por santas idealidades, me siento también con fuerzas para gritar con ellas a nuestro pobre pueblo, virtuoso, pero niño, y atosigado por los que más debieron dar alientos a sus pulmones, ideas a su cerebro, latidos a su corazón.

IX. Habanera

Un joven músico de veinticinco años de edad, pensionado en Roma, llamado Raúl Laparra, acaba de estrenar en la Ópera Cómica de París una ópera en dos actos con el título de *Habanera*; así escrito, con toda la ortografía castellana. El novel autor ha compuesto el libreto y la partitura. La obra ha merecido buena acogida y los honores de la crítica.

Cuando leí la noticia en la prensa parisiense, hube de procurar la lectura del argumento para ver una vez más cómo nos consideran en el extranjero, ya que casi siempre, si en la conciencia de los franceses con frecuencia más liristas que obervadores, subsiste todavía la España de pandereta y alamares, de toreadores vengativos y de manolas con navaja en la liga; respecto de nuestra Cuba acostumbran pasar desde el indecente *calembour* que deducen del nombre de nuestra patria, hasta una compasiva consideración no muy lejana del mote con que nos estigmatizó una célebre actriz.

Pero lo más sobresaliente de la ópera *Habanera* de Laparra, es que en ella ni aparece ninguna compatriota nuestra ni la acción se desarrolla en Cuba, sino en España entre un Pedro, un Ramón y una Pilar, o lo que es lo mismo, que allá en la mente, indudablemente culta, de un pensionista de la Academia Francesa de Bellas Artes en Roma, decir habanera es decir algo así como andaluza o aragonesa, algo neta y característicamente español.

Pero el caso no me causó sorpresa: en el extranjero y precisamente en el teatro he podido observar cosas más extrañas y reveladoras de nuestra insignificancia internacional. En un teatro provenzal vi representar durante el Carnaval de 1905 una muy movida revista basada en hechos de la última revolución cubana, tales como los amores de una cantinera cubana con mantilla y del general Prim, después de la terrible batalla al machete en la llanura de Filipinas. Otra vez en Oporto, vi anunciado en un cartelón del

teatro Carlo Alberto el drama titulado O *Voluntario da Cuba*... fui
y vi nada menos que *La Pasionaria* traducida al portugués.

Y es que en Europa no se sabe ni quienes somos, y casi ni en qué
parte del mundo estamos situados. Hace años, al llegar por vez
primera a Génova, hube de sorprenderme de que de La Habana no
se conocieran más que los tabacos, el color habana y ¡una raza de
perros *havanesí* que eran un portento! Conocían o creían conocer
La Habana, pero no a Cuba.

Un sabio italiano, Lombroso, citó tres veces a Cuba en sus in-
mortales obras; una (en *L'Uomo di Genio*) haciendo una cita de
Sanguily tomada de un trabajo que facilitó un amigo; otra (en
L'Uomo Criminale) diciendo que cubanos y españoles se comían
unos a otros los prisioneros en la guerra de los diez años, y por
fin (en *El Antisemitismo*) aludiendo a la revolución de Toussaint
L'Ou verture ¡en Cuba! Nadie dudará de la cultura de Lombroso,
ni de la que brilla en los pueblos de Europa... por esto entristece ver cómo somos desconocidos por personas sabias y pueblos
civilizados... Entonces comprendemos nuestra insignificancia y la
oceánica distancia que nos separa de ellos, así en lo geográfico
como en lo intelectual.

X. Football

También es cultura; y en esa nueva ola de actividad civilizada que nos viene del Norte, debiéramos fijarnos con mayor atención.

No es cultura de ideas la que nos han traído los estudiantes de Luisiana, pero la cultura de que han alardeado no es menos sana y sí tan necesaria como la intelectual en este país de mentes volcánicas y de voluntades anémicas.

Lo hemos visto sin sorpresa, puesto que el resultado del *match* estaba descontado. En el desafío de football verificado entre los estudiantes de Luisiana y los de la Universidad habanera, han salido derrotados nuestros compatriotas. Y debemos alegrarnos de ello, por los frutos que esa derrota puede y debe traernos.

Igual era el número de los combatientes, idénticas las condiciones estratégicas de la lucha; hasta se dice que la carne de cañón era más fuerte y capaz de nuestra parle, y sin embargo, hemos perdido. ¿Por qué? Por lo que perdemos siempre, por lo que hemos dado al traste con nuestras instituciones republicanas, porque nos faltaba disciplina y carecíamos de la energía constante, que es el secreto de todos los triunfos y de todos los éxitos. Los cubanos tenemos energías que nos pueden impulsar a empresas de sacrificios y de heroicidades; pero, especialmente en los individuos, nuestras energías son intermitentes, lucen como los fuegos fatuos... Quizás por esto lucen a menudo junto a cuerpos muertos.

Aprendamos de los jugadores de football norteamericanos; sepamos, para el juego como para la vida pública, prepararnos con ejercicios continuos e incesantes; comprendamos y practiquemos la disciplina, y sobre todo propongámonos individualmente realizar obras largas, que cuando cada cubano sepa realizar ideales que requieren gran suma de trabajos encadenados, ocultos, modestos y sanos, entonces sí que nuestra independencia tendrá por base nuestra propia constitución psicosocial.

En tanto no llegan para nosotros esos días de salud moral, de virilidad psíquica, fuerza nos es acatar nuestra situación de menores y dar nuestra mano infantil al hombre que nos ha ofrecido la suya...

Porque, de todos modos, si la férrea mano de nuestro tutor, política, económica y geográficamente necesario, ha de mantenerse en contacto con la cubana, preferible será que se contente con estrechar la de este país, que hemos de brindarle, y no, que sin mano a que asirse, resbale la suya hasta nuestro cuello y pueda llegar a estrangularnos.

XI. La librería cubana

Paul Muller, en *L'Économiste Français*, no ha mucho daba a conocer con datos precisos y curiosos la gravedad de la crisis librera en todo el mundo.

Existe hoy día una verdadera superproducción de libros. En Francia se publican anualmente 15.000 obras inéditas, 26.000 en Alemania, 7.000 en Inglaterra, 75.000 en todo el mundo. Pero el comercio librero y la industria editorial no rinden los provechos que en tiempos anteriores.

Por una parte, el libro lujoso apenas encuentra hoy compradores. Por otra, de cada día más, los autores publican y editan por su cuenta sus obras, sustrayéndolas así a las garras de los editores, pero exponiéndolas a todos los peligros de la edición privada, falta de medios intensos y extensos de difusión. Además, para cada rama de la intelectualidad surge hoy una montaña de volúmenes; cada profesor quiere publicar un texto, cada clínico un tratado, cada escritor sus poesías. Catulle Mendés asegura que en el siglo XIX, Francia contó ella sola ¡1.700 poetas! y de éstos, 670 han publicado sus primeros versos después de la muerte de Musset... La novela decae; la naturalista ha muerto en la pornografía; la psicología se ridiculiza en los abusos del histerismo. La novela policíaca retiene por algún tiempo solamente a cierto público...

En Cuba no hay crisis librera, porque no hay producción de libros. Aquí nos surtimos de las traducciones de los editores españoles, a veces muy defectuosas y siempre muy tardías. Cuando un libro puede ser leído en castellano, casi siempre ha recorrido todos los centros intelectuales, y resulta mundialmente casi vulgarizado. Las obras técnicas de alguna especialización no pueden ser traducidas por no tener compradores suficientes.

Pero ¿en Cuba se produce? Apenas pasa una semana sin que las rotativas giman bajo la presión de un reclamo a un nuevo publicador de libros. Sin embargo, entre todo ese fárrago de papel impreso acaso no encontraréis más que cuatro o cinco libros; los demás volúmenes impresos no merecen este título dentro de un criterio intelectualmente serio. No son sino colección de artículos, sartas de versos, ya publicados casi siempre, meritorios si se quiere, pero escritos con pensar volandero, fruto de mentes que parecen cansadas, arremolinados a ráfagas como las hojas caídas en Otoño. Y ello es fruto de nuestro carácter, falto de ese *esprit de suite* de que pueden vanagloriarse los pueblos robustos, cuya carencia nos impide a nosotros concebir el germen de una obra, analizar sus factores, componer sus partes, levantar su armazón y retocar con unción de artistas el bloque en bruto de la idea inspirada. No, nuestras obras o salen perfectas y armadas, como salió Minerva de la frente de Júpiter, o permanecen en las oscuridades de nuestros cerebros. Tengamos más constancia en el trabajo, más fe en el triunfo, más virilidad en la ideación, menos afeminamiento en nuestra susceptibilidad intolerante de la crítica, menos puerilidad en nuestro orgullo insensato, y menos misericordia para los audaces que se meten a escribir para el público sin haber fecundado sus mentes con el abrazo orgástico de un pensamiento.

Sean fuertes, nada precoces, y ricos de savia sana los brotes intelectuales de la joven generación cubana; sepamos arrancar de su tronco de robustas raíces los hongos que distraen con succiones egoístas el jugo de la vida nueva, sino queremos que cuando vengan las nevadas del Norte, mueran en flor nuestras pocas y tiernas esperanzas, y el tronco en pie y firmemente arraigado en el pasado aparezca muerto y tétrico, extendiendo sus ramas sin hojas e irguiéndose como un fantasma en la triste etapa de una nación mentalmente aletargada bajo un sudario de copos blancos y sin esperanzas de resurrección para la futura y lejana Primavera, cuyas bellezas no verán nuestros ojos, ni cuyos hálitos de regeneración aspirarán ya nuestros pulmones.

XII. La ráfaga

Desde hace algunos años, cuando han pasado ya los últimos huracanes equinocciales, cuando vienen a acariciarnos los primeros fríos del Norte, se cuela entre nosotros una ráfaga intensa de cultura que pasa por nuestros hogares, penetra insensiblemente por los intersticios de nuestras lecturas, y llega a besar nuestras cabezas soñolientas que descansan en la modorra intelectual de los trópicos.

Algunos años hace ya, que arriban a nuestras playas empresas artísticas, compañías de artífices, que poco a poco vienen a moldear nuestro gusto excesivamente plástico, y a imprimirle formas y modalidades cada día más bien definidas.

La ráfaga de este año, será acaso la que con mayor fuerza penetrará en nuestras mentes... Abiertas están, casi siempre de par en par, las puertas del erotismo; por ellas podrá penetrar como nunca a los últimos desvanes de nuestros cerebros la racha educadora, que no podría aspirar a tanto sin el soplo huracanado de aquel sentimiento. Sin la belleza de Tina di Lorenzo, acaso su exquisito arte no habría sido tan aplaudido, y acaso muchas de las personas que van a saborear la vista de sus líneas y la elegancia de sus maneras habrían dejado de sumar a su cultura incolora densas oleadas de buen gusto y de experiencia estética.

Por eso habría que abogar para que los artistas italianos que vienen a Cuba, cuando los primeros fríos ahuyentan de sus lejanas tierras a las golondrinas, llegasen rodeando a mujeres de su arte, bellas y talentosas, que nos infundan cultura y arte cuando inconscientemente creamos nosotros que estamos tan solo observando hermosura; y habrá que felicitarse de que venga a La Habana la Borelli, la bella comediante italiana, que como la Di Lorenzo será recreo de los sentidos y deleite del pensamiento.

A los pueblos cálidos, donde la sexualidad determina torrentes de sentimientos permanentes y hondos, hay que conquistarlos para el arte con la ayuda de la mujer.

XIII. Universidad popular

Una asociación de educación popular —que así se llama— y que vive entre nosotros vida modesta y oscurecida, ajena a banderías políticas, ha publicado no ha mucho una memoria de sus trabajos y un caluroso llamamiento a todos los que están o por lo menos deben estar interesados en la cultura de la clase obrera, encareciendo la conveniencia de fomentarla por medio de centros docentes adaptables por circunstancias de lugar, hora y técnica a la mente popular.

La idea no puede ser más plausible ni el esfuerzo más necesario.

En todas partes del globo, donde quiera que aletean ideas viriles y modernas, las universidades populares van trazando surcos de cultura en las masas y van haciendo viables ideales que antaño eran utópicos y van librando al proletariado de las trabas y rémoras de la ignorancia y del prejuicio.

Aquí en Cuba buena falta nos hacen inyecciones de cultura. Y no lo digo en son de reproche, sino porque me duele, como cubano y como humano, que las masas de nuestro pueblo se vean descarriadas de los senderos de su positivo e integral mejoramiento, no por mala fe, no por espíritus añejos, sino por falta de educación y conocimiento de las causalidades de la fenomenología social tan complicada y tan sutil.

Ved si no la estela trazada por el proletariado cubano, estela de triunfos, pero oscurecidos por su finalidad exclusivamente inmediata (aumento de jornales, disminución de horas de trabajo, etc.) y faltos de los destellos intelectuales que alumbran la marcha obrera en otros países. No se han visto campañas ni huelgas para obtener pensiones a los inválidos y sexagenarios, para regular el trabajo femenino e infantil, no se han querido sostener cooperativas de consumo y mucho menos de producción, no se ha hablado nunca de bibliotecas populares, ni menos de bibliotecas circulantes...

Nada se ha hecho por la mente ni por el corazón, todo por el estómago; y el proletariado en esa base de incultura resulta más aburguesado que esos glotones y rechonchos burgueses que se entretienen en caricaturizar los demagogos del socialismo.

La misma palabra socialista casi no se ve en parte alguna, quizás porque es una expresión intelectual de idealidades económicas, y apenas si hoy suena como una de tantas marcas de cigarros. En las huelgas largas y cruentas sostenidas por el obrero habanero, éste no ha visto a su lado ni un solo intelectual, ni una sola mente de estudio y valer; y quizás no por falta de simpatías, sino por pueril intransigencia de ignorantes en unos y por apática somnolencia y falta de cívica virilidad en otros.

Y así, en la vida normal como en los momentos de peligro, el proletariado marcha sin timoneles expertos, sin brújulas de cultura.

En tanto, los políticos que reniegan del obrero cuando éste los necesita, que lo abandonan cuando necesita voceros y caudillos, los alucinan como alondras con el espejo del patriotismo machetero y con la demagogia de un revolucionarismo inútil, caduco, anticuado y ridículo como las calvas de los viejos verdes.

Vengan universidades populares, que únicamente avanzará el pueblo que base su avance en bloques de civilización. Todavía son actualidad las palabras del maestro cubano: Solo la verdad nos pondrá la toga viril. Sin la verdad, sin la cultura ni en los de arriba ni en los de abajo, seguimos siendo unos chiquillos que tenemos muy merecidos los azotes del dómine anglosajón.

XIV. De arte cubano

Mientras en el horizonte cubano van dibujándose nuevas idealidades políticas; mientras en la inacción van debilitándose organismos que solo en la lucha hallan su fuerza, la *élite* de lo que en nuestro pequeño mundo bulle y se agita con emociones e ideas de otras civilizaciones más avanzadas, ha sabido congregarse entusiasta alrededor de una exposición de arte.

El único intento de avance artístico realizado desde el cese de la soberanía española se está demostrando en el Ateneo, merced al fervor con que mentes refinadas como Pichardo, Montane, Saavedra, Labarrére y pocos más, han sabido organizar la Exposición de Arte francés. Los pesimistas de siempre, los que creen alardear de cultos exhibiendo un escepticismo que les impone su ignorancia hallarán en dicha muestra artística tema para sus eternas burlas. Reducida la exposición a sus límites reales, despojada del oropel con que la viste nuestro tropicalismo, el salón del «Ateneo» ha nacido modesto, como la modestia de nuestra cultura artística, pero sí alentador de futuros avances, que nuestra civilización, fundida en el crisol francés, tiende a alcanzar con impulsos cada día más intensos y acertados. Modesta, pero gallarda, la Exposición de Arte Francés, erguida entre tanta pasión ruin y egoísmo grosero como rastrea a nuestra vista, debe ser orgullo de sus iniciadores afortunados y merecedores de los parabienes y de la gratitud de nuestro pueblo.

Quede para los técnicos el juicio de labor exquisita, quede para los amateurs la contemplación crítica, el colorido de Barillot, de Gilbert, y de Gillot, el verismo de Berand, las nieblas de Billotte y de Boutet de Monuel, el vívido impresionismo de Chabas, el fisonomismo elegante de Chartran, los efectos de luz artificial de Comevre y de Leconte, la poesía de Curtois, las flores de Faux-Froidure, de Deannin y Cesbron, los interiores de Gelhay, de Cormon y de Renouard, la exactitud étnica de Laurens, etc., así como las joyas de Lalique y de Gaillard.

La Exposición de Arte Francés tiene también su significado social.

El arte puro y majestuoso de la pintura florece solamente donde la paz política y moral permite a las mentes reposadas, huérfanas de preocupaciones perentorias y de necesidad de sustentación, remontarse a fantasías de cultura superior, a emociones sutiles, a verdaderos lujos mentales. Cuando la base económica de un pueblo no se ha definido de un modo estable, cuando los vaivenes de la vida intensa producen sacudimientos en el edificio político, cuando el torrente de egoísmos amenaza con arrastrarnos consigo, arrancando de cuajo arraigados ideales, el arte, asustadizo y sereno, huye a tierras de paz y de bienandanza.

Así ha sucedido en Cuba. Aparte de otros muchos y complejos factores geográficos, étnicos y sociales, el ambiente económico político de nuestra tierra ha sido casi siempre y sigue siendo refractario a las plácidas conquistas del arte, como de todas las manifestaciones de la intelectualidad.

Sabidos son los vacilantes pasos de la infancia del arte cubano, si es que ayer ni aún hoy podemos hablar de un genuino arte cubano.

Importado en Cuba por las órdenes religiosas, se manifestó en algunos cuadros místicos de no más que mediano mérito, en la arquitectura churrigueresca de los altares y en la vulgarísima y sin carácter de los templos, como nuestra Catedral, San Francisco, etc.

Pero cuando el siglo último había llegado a su segunda década, junto con el gigantesco producido por la trata y las acertadas medidas de Fernando VII, se inició en Cuba una corriente de protección artística, en aquel medio donde la masa del pueblo no pensaba en conmociones políticas, ni las clases ricas y cultas temían la debilitación de su base económica. Entonces, con riqueza y paz, se pensó en el arte y —elocuente detalle— la nunca bastante bien amada y entonces incipiente Sociedad Económica de Amigos del País, fue la que estableció (enero de 1818) la Academia de San Alejandro, institución histórica que debiéramos cuidar con solicitud y mimo, y que no merece el abandono de los centros directores, como no lo merece nuestra biblioteca nacional, ni los merecen todas las instituciones que no pueden doblegarse a nuestras innobles maquinaciones personales y políticas.

Hasta los trastornos revolucionarios de 1868, que minaron la estabilidad económica de muchas ricas familias cubanas y destruyeron la paz mental, canalizando hacia la conspiración las actividades de todos los espíritus, el arte fue en progresivo avance, llegando a un grado notable de intensidad dada la escasa intelectualidad del medio. No es ocioso recordar aquí los nombres de los franceses que como Vermay, Colson, Leclerc, Mialhe, impulsaron desde la dirección de la Academia de San Alejandro a la juventud artista de nuestra tierra.

En aquella época se importaron notables pinturas como después no se ha hecho. Así el príncipe de Anglona trae de Europa 37 óleos para la Academia ya dicha, ejemplo que imita después el cubano benemérito Francisco Arango. Nuestros teatros ofrecen campo a los pintores: en Tacón pintan Dall'Aglio, de Albe y Zuccharrelli; en Villanueva pintan Simón Sueria de la Cruz y Francisco Aranda. En el Cementerio de Espada y en la Catedral pintan Jerovani y Vermay.

Numerosos artistas extranjeros, además de los nombrados, vienen a Cuba y encuentran aquí provecho y gloria, como el inglés Melkaff, el holandés Van der Lin, el italiano Morelli y el español Ferrán. Las familias ricas de Cuba se complacen en adornar sus salones con obras de mérito y los Aldama, los Jorrín, los Duquesne, los Herrera, etc. pagan buenas firmas y se revela el cubano Melero (padre).

Llega el estallido de Yara y el arte huye despavorido de Cuba, desgraciada y pobre. Cuando tras del Zanjón renace fácilmente la paz y se alcanza un período de relativo bienestar económico, reaparece la pintura con nuevos bríos. A ésta época posterior al Zanjón puede referirse la aparición de pintores cubanos de prestigio —y valía, como Romañach, Melero (hijo), Arburu, Menocal, Galabett, Quiñones, etc. que acometen y realizan con aplauso obras serias y de importancia.

Con la Revolución libertadora, nuevo eclipse del arte, que todavía medroso, pero esperando, intenta reaparecer —y adquirir nuevo empuje en nuestra patria—. Cuando llegó a creerse que nuestra flamante República era inconmovible y se afirmaba la confianza en la paz perdurable y se patentizaba la prosperidad económica, un grupo de generosos y entusiastas organizó la actual Exposición de Arte francés, como simbólica escarapela de nuestro gorro republicano. Pero ¡ay! cuando la exposición ha surgido ha muerto ya la República, y el Arte que traía flores para sus laureles, habrá de deshojarlas sobre el cadáver de nuestra nacionalidad.

Renazca la paz en Cuba a toda costa, aceptemos sin anacrónicas patrioterías las soluciones que política y socialmente se imponen a nuestro terrible problema; porque si seguimos abandonados a las impulsiones de nuestra ardiente sangre, sin otros frenos que nuestras infantiles mentes, no habremos de poder subir nunca hasta el arte, y en vez de los bellos cuadros que nos envía la genialidad artística de Europa tendremos que contemplar tan solo los cuadros de sangre, de miserias, de podredumbre que nos ofrece el raquitismo político de nuestro pueblo.

XV. Cultura de Ultramar

No escribo sin dolor el epígrafe de estas cuartillas. Ellas condensan en su brevedad las ansias todas de la intelectualidad cubana y la expresión sintética de aspiraciones y de necesidades nacionales más o menos determinadas y borrosas.

¡Cultura de Ultramar!

Por nuestra Aduana, por esa víscera exageradamente hipertrofiada de nuestro organismo nacional, no se aforan importaciones de esa mercancía ultramarina; quizás porque de arribar grandes partidas de ella a nuestros puertos habían de ser gravados también onerosamente por nuestro enclenque y parasitario Estado, que se contenta con vivir vergonzosamente a costa de las importaciones aduaneras para no tener que crear fuentes propias de riqueza intensa y multiforme.

¡Cultura! Esa es la importación de que más necesitados estamos.

La reclaman con gemidos de agonía nuestras industrias agrónomas aplastadas por la cuasi absoluta unilateralidad de sus manifestaciones azucarera y tabacalera; por la escasa fragmentación de la propiedad que hace nuestros los problemas de la Europa meridional y oriental referentes a los latifundios; por el selvático abandono de nuestras campiñas, que inmoviliza ingentes riquezas naturales; por la primitividad casi colombina de nuestras plantaciones; por la pasividad fatalista de nuestros labriegos...

Cultura reclaman a voz en grito nuestras incipientes industrias urbanas, sofocadas por la presión arancelaria que en otros países de economía más culta, sería casi en su totalidad de naturaleza prohibitiva para la importación; por la extranjerización de las materias primas —hasta de las más tropicales— que deberían nacionalizarse; por la escasa o nula protección gubernamental interna y externa...

Cultura piden nuestras propias clases cultas, que no encuentran en la cortedad de su radio de acción campo adecuado para los vuelos de la imaginación estudiosa, para los esfuerzos de voluntades inteligentes; que tienen que ir muriendo asfixiadas por la falta de oxígeno de este nuestro ambiente o tienen que contentarse —contentamiento pueril— con locales honores de compadrazgos, con tronos y doseles de cartón y purpurina...

Cultura quieren nuestros proletarios, faltos de estrategia y táctica en esas sus contemporáneas luchas sociales, más necesitadas de ciencia que las más trascendentales luchas internacionales; huérfanos aquéllos en estas latitudes de intelectuales que los polaricen hacia idealidades viables, y siguiendo a tumbos y por desusados vericuetos la cuesta del progreso económico, en otros países más recta y menos fatigosa...

Cultura a raudales para nuestra actividad política anémica de ideas, pletórica de personalismos e intoxicada por el morbo de la rebelión egoísta, vacilante e irresoluta para escalar finalidades concretas y conscientes... Cultura para todos, so pena de seguir en esta farándula macabra de ambiciones y de nulidades, de despechos y de arbitrariedades alrededor de la nacionalidad agonizante...

Cultura... cultura de Ultramar, de allende los mares, donde viven vida de ideas los pueblos que se bastan a sí mismos, los que pueden alardear de generosos, los que alzan la antorcha del progreso por encima de la turba de nacionalidades ignorantes, los que pueden por su saber ser fuertes y por ser sabios y fuertes, arrastrar tras el carro de sus victorias y sometidos a sus egoísmos de poderosos, a los pueblos débiles y míseros, que aun palmotean de cretinesco gozo, tomando por generosidad sobrenatural lo que no es sino disfraz de la codicia inteligente.

XVI. Ignorancia jurídica

La bondad de algunos amigos que tiempo ha me honraron nombrándome abogado consultor de varios centros regionales españoles, me ha dado amplio campo para obtener observaciones intensas respecto a la ignorancia jurídica en que está sumida la inmensa mayoría de nuestros elementos sociales que integran la base de la economía comercial.

Es doloroso observarlo y decirlo. La multitud inmensa de los futuros comerciantes carece de los más elementales conocimientos de derecho mercantil, pocos hay que tengan una idea precisa de lo que es jurídicamente una letra de cambio, de la misma manera que nuestra masa de población está desprovista de nociones elementales de derecho, y pocos saben lo que en rigor es un contrato bilateral o el divorcio, por ejemplo; del mismo modo, en fin, que de la turbamulta de agitadores políticos son pocos los que han leído la Constitución del Estado.

Viene a mi mente esta observación reiteradísima al leer un brillante artículo de V. Racca en la *Vila Internacionale* de Milán, al referir sus impresiones de viaje a Burdeos, la ciudad francesa que logra tener vida social propia y autónoma de París.

En ese artículo se tratan con encomio las instituciones sociales bordalesas que merecen el título de *fior di civiltá*; y entre los centros examinados, se aplaude calurosamente el llamado Instituto Práctico.

Este no es sino una escuela popular de derecho para difundir la cultura jurídica en sus varios ramos, mediante cursos prácticos con lecciones elementales y claras explicadas en clases nocturnas por abogados, magistrados y notarios, de noviembre a junio. Así se consigue que todos, con poco gasto, puedan seguir el curso, oír explicaciones de casos reales, siendo nutridísima la asistencia a tales clases.

¿No podríamos nosotros hacer algo parecido? ¿No podría tutelarse mejor que hasta hoy la cultura jurídica en general? ¿o podría elevarse especialmente la cultura legal mercantil de nuestros inmigrantes?

Los centros regionales cuyas secciones de instrucción tantos provechos están dando, podrían sin grandes gastos encauzar algo su actividad en el sentido indicado, estableciendo clases de nociones jurídicas en general y de legislación comercial e industrial en particular.

Antes de mucho, se lo iba a agradecer muy mucho la juventud comercial y la gran masa de sus asociados. El ejemplo de Burdeos, la ciudad esencialmente mercantil de Francia, merece tener imitación en La Habana, tanto más natural, cuanto que nuestra vida comercial es intensísima, y que los organismos aptos para difundir la cultura jurídica, están ya creados y tienen vida floreciente: solo falta determinar en ellos un impulso en pro de la buena idea.

XVII. Labor de titanes

Recuerdo que paseando cierto día por Segovia con el doctor Sales y Ferré, bajo las arcadas gigantescas del célebre acueducto romano que la caracteriza, me explicaba cómo fueron posibles en la antigüedad obras tan majestuosas y colosales como la que se erguía por encima de nosotros. El docto profesor de Sociología de la Universidad Central explicaba este fenómeno social por medio de la esclavitud.

En aquellas edades remotas, sin maquinarias potentes, sin medios técnicos, sin el vapor ni la electricidad, se edificaron monumentos subsistentes hoy día, como las pirámides egipcias, el coliseo romano, el mausoleo Adriano, ciertas pagodas indias, la gran muralla china, etc.; obras todas de resistencia ciclópea, que hoy mismo serían de realización penosa y difícil. Pero cuando un amo o un tirano mandaba en siervos y en tierras, aquéllos removían éstas, nutríanse de lo que éstas mismas producían, y piedra sobre piedra iban levantando esas moles que regaban con su sudor y su sangre. Únicamente despilfarrando vidas de esclavos, y disponiendo de materiales propios, podían los tiranos petrificar sus locas vanidades, sus gigantescas concepciones culturales y sus benéficas iniciativas.

Hoy día, gracias a la evolución económica realizada a partir de la Revolución francesa, pueden reproducirse las obras antiguas sin que tengan sus bloques que ser amasados con sangre de esclavos; díganlo el Canal de Suez y el túnel del Simplón.

Sin embargo, preciso es recordar que en estas obras gigantescas, hoy como ayer, hay que fundir vidas y energías, y que hay que disciplinar en el rudo trabajo que ellas requieren a millones de hombres que el jornal domina y subyuga como el rebenque del cómitre.

Véase, si no, lo que pasa en el Canal de Panamá, que está abriéndose por el titán del Norte.

La selección obrera que allí imponen el clima y la empresa no puede ser más radical, si hemos de creer lo que nos dice Mr. Fulleron L. Waldo, un americano que habla del Canal de Panamá en la revista *Emporium*.

Los negros de Jamaica, Barbadas, Martinica y demás Antillas, que fueron contratados para el canal, han sido poco a poco desechados porque resultaron perezosos y, si bien disciplinados, abandonan el trabajo y levantan sus bohíos en la selva apenas se orientan algo en el país y su modo de vivir.

Pero cada mes llegan unos mil obreros blancos al canal, gallegos e italianos en su mayor parte, que son los que están sobrellevando el trabajo casi en su totalidad.

El trabajo en aquel enervante clima casi ecuatorial es penosísimo, las condiciones sanitarias pésimas, pues los magníficos hospitales levantados remedian en parte, pero no evitan, las fiebres malarias y pulmonías que diezman la masa obrera. La disciplina impuesta por los americanos es —por otra parte— rigurosísima. Así pues, si bien la administración norteamericana es óptima en cuanto a la habilitación, a la comida y al hospital, la selección va ahuyentando o matando a los débiles de cuerpo o de voluntad, a los que no poseen una musculatura de cíclope, a los que no tienen una mentalidad gregaria y apática...

Varios años durarán aún las obras del Canal de Panamá, y cuando surquen sus aguas los navegantes de la civilización, cuando el genio norteamericano se vanaglorie justamente de esa su obra eterna, no faltará quien vea rojas las arenas que rodarán por su cauce, quien recuerde las vidas que la miseria latina ha hecho perecer ante el oro sajón, y vendrá a deducir que si en la antigüedad la esclavitud levantó las pirámides, en el siglo XX el hambre separa los continentes.

Compadezcamos a los humildes operarios del canal y hágase por su mejoramiento; pero no olvidamos que si hoy los cubanos

no nos vemos obligados a herir el suelo panameño, es porque una
naturaleza pródiga y que no merecemos nos acalla el hambre y nos
da tono de señorones, como a aquéllos mocetones cordobeses que
dormitan sus perezosas siestas bajo los naranjos de la mezquita, felices y pobres, recibiendo como ricos desocupados las caricias del
Sol andaluz, que ellos llaman, con razón, el padre de los pobres...

XVIII. ¡Abajo las armas!

Acaba de publicarse la traducción de la célebre novela de la baronesa de Suttner, titulada *¡Abajo las armas!*

Después de unos veinte años de publicado por primera vez el hoy famoso libro, ha sido vertido al castellano. Para ello ha sido preciso que se le concediera el premio Nobel, sin cuyo acontecimiento el nombre de la baronesa de Suttner habría seguido desconocido para los lectores de España y de Hispanoamérica.

El citado premio le fue otorgado por su mérito pacifista, por ser un libro de eficaz y calurosa propaganda en pro de los ideales antimilitaristas que hoy tanto cunden para preocupación y rabia de magnates endiosados sobre la servil mansedumbre del pueblo, víctima propiciatoria de Marte.

El argumento de «¡Abajo las armas» es algo machacón. Baste decir que de los veinte a treinta personajes que en él intervienen, todos menos tres o cuatro mueren en la guerra o a consecuencia de ella: el uno recibe un metrallazo que le vacía el vientre y le hace caer sobre sus propios intestinos sanguinolentos, al fondo de una trinchera, en las llanuras de Lombardía; al otro le hiende el cráneo el sablazo de un gigantesco hulano en los campos daneses; a éste lo tritura una carga de caballería que pasa galopando sobre su cuerpo, en la batalla de Sadowa; al otro le espera una muerte horrible, herido y abandonado en una charca pestilente, sintiendo cómo se le van pudriendo sus extremidades gangrenadas y pasto de gusanos, cómo los buitres revolotean a su alrededor y le sacan los ojos, impacientes de lanzarse al festín macabro; tales viejos labriegos sucumben achicharrados en su aldea, antes apacible, por el incendio que sus propios hijos y nietos le comunican por necesidades de guerra; tales soldados son rematados, en vez de asistidos, por los merodeadores que a manera de vampiros recorren los campos de batalla cuando la muerte ha pasado cansada de segar con su guadaña, para robarles sus anillos, que como eslabón de recuerdos lo atan a sus cariños lejanos, sin piedad alguna cortando sus dedos para acabar pronto; un grupo de enamorados felices, bellas, ricas y esperanzadas ellas, valerosos, aristócratas e idealistas ellos, mueren todos a causa del cólera, secuela de la guerra: un noble jefe, de saber y de genio, muere fusilado como espía...

La novela es un museo de horrores... que deben verse, porque su contemplación produce forzosamente una rebelión de ideas y de sentimientos contra las corrientes de las guerras, que siempre permanecen ocultos tras el humo de la pólvora y silenciosos en el fragor del combate, porque cuando haya sido volado el último bastión, cuando el último soldado haya enviado el último suspiro a su amada, agonizando el último, tras de la última batalla; aquéllos, como buitres, despedazarán sus cuerpos y se repartirán sus piltrafas.

Es de desear que en Cuba se lea la novela de la baronesa de Suttner así como los libros que produce la cada día la más prolífica literatura antimilitarista, por ejemplo, la terrible *Risa Roja* de Andreieff; porque si en las naciones europeas donde el poder militar es de secular organización y responde a factores sociales bien definidos y arraigados, el militarismo merece la execración y la burla de toda mente honrada y progresista, más triste comentario merecerá nuestro militarismo tropical, donde cualquier aventurero resulta un Moltke apenas empuña el machete; donde para resolver cualquier problema político-social, necesitamos de un consejo de veteranos como si las estrellas de las bocamangas bastasen para iluminar las mentes de sus poseedores y donde al luchar decimos que nos *fajamos*, quizás porque es seguro que al final de la lucha encontraremos siempre la faja de general.

Sí, ¡abajo las armas! Despierte el explotado pueblo y sepa que tras de esas banderas que se llaman patria, libertad, religión, honor nacional, se fraguan los eslabones de su esclavitud.

En tanto los caudillos belicosos obtengan secuaces, merecerán éstos ser traicionados por aquéllos y atados al carro de sus victorias, bien para ser arrastrados como miserables vencidos, o bien para arrastrar el carro triunfal, pero atados al fin.

XIX. Orfanotrofio agrícola

Desde que en 1710, surgió en La Habana el Asilo de huérfanos, que se conoce comúnmente por la Casa de Beneficencia, han pasado por su recinto varias generaciones de niños abandonados.

A estos niños se les ha encaminado por buena senda, se les ha enseñado un oficio y se les ha librado de la miseria y acaso de la muerte. Mucho se ha hecho por ellos, pero ¿es ello todo lo que se puede hacer?

Me hago a mí mismo esta pregunta pensando en una de tantas mejoras sociales de que se muestra orgullosa la ciudad de Burdeos —a cuya *fior de civiltá* me refería en otro artículo.

Porque no basta que a un niño se le eviten al nacer los peligros de un infanticidio, ni se le libre en lo posible de los factores degenerativos de la pobreza que con tanta profundidad viene estudiando Nicéforo, el verdadero y genial fundador de la pauperología; no es suficiente tampoco que a los asilados se les dé la base de una educación obrera que no puede ser completa por los escasos medios con que se cuenta para fines benéficos aquí donde ni siquiera tenemos una oficial escuela de artes y oficios completa. No basta todo ello, en efecto, porque cuando el asilado ha de dejar su asilo, cuando ha de lanzarse solo al combate por la vida en las condiciones cada día más terribles que impone el mecanismo económico, forzosamente ha de sentirse desarmado, con un campo de actividad técnica excesivamente restringido, sin la tutela inalterable ni la férrea disciplina en que ha crecido siendo un número del asilo, huérfano de padres como también de iniciativas y de energías...

Confesemos que no hacemos todo lo debido por los niños desvalidos, aunque no sea menos cierto que en nuestra benéfica fundación se hace más de lo que se puede dado el descuido que ese ramo administrativo merece a todos nuestros gobiernos.

En Burdeos el sistema es bien diverso y de resultados mucho más positivos. Allí los niños sin padres son llevados al campo, a una colonia agrícola, donde son criados y educados en el santo amor de la madre naturaleza, donde se les enseñan las prácticas científicas de la agricultura que luego difunden ellos por todos los ámbitos de su región patria. Así se consiguen a la vez grandes mejoramientos morales, higiénicos, intelectuales y cívicos.

Yo creo que no cabe dudar siquiera de las ventajas que representaría para Cuba poder contar con un orfanotrofio agrícola en tales condiciones, aquí donde la enseñanza agrícola es nula. Nuestros pobres expósitos serían los más esforzados paladines de nuestra regeneración económica.

Por otra parte, el vasto edificio podría ser utilizado con mayores provechos en cualquier otra beneficencia pública, como asilo nocturno, casa de trabajo correccional, etc.

No dudemos en mejorar un régimen benéfico que sigue viviendo vida anacrónica. El autor de la mejora merecería bien del país.

XX. Sin púas

En los países cultos de la Europa meridional actualmente está recibiendo sinceros e intensos aplausos un sabio botánico de California. El ya célebre Mr. Lutero Burbank, que de tanta fama goza por sus estudios y descubrimientos acerca de la selección artificial de las plantas, acaba de lograr una especie de cactus sin espinas.

Sabido es que en el Sur de Europa, en todas las islas mediterráneas y en el norte africano (como así sucede también en Cuba) el cactus se emplea no solamente como fruto comestible —el sabroso higo chumbo— sino que también se utiliza para setos y cercados vivos y económicos. Tiene la ventaja de crecer en cualquier clima y terreno, en las arenas del Sahara, como en las frías llanuras de Alaska; pero hasta la fecha su utilización alcanzaba un corto radio.

Hoy, merced al genial Burbank, el cactus prolífico y sobrio podrá ser utilizado como insustituible alimento para el ganado. Ya antes se había probado el quitar las púas a las hojas del cactus, pues las bestias siempre apetecían su jugosa pulpa; pero ello era práctica y económicamente imposible por el costo de la operación.

Lutero Burbank fue cruzando especies que tuvieran escasas púas con otras de abundante jugo nutritivo, y después de perseverantes pruebas, ha obtenido una nueva especie que reúne las ventajas de una carencia absoluta de púas con gran riqueza de jugo y no menor resistencia a las inclemencias climatéricas. Desde hoy, pues, la Naturaleza cuenta con un regalo más del hombre, con una especie de planta que ella, aislada, no había todavía producido. Grandes regiones incultivadas se abren a la explotación productiva y la humanidad extiende su base de sustentación económica.

Las obras prácticas de experimentación seleccionista del sabio americano vienen a confirmar principios y leyes biológicas que poco tiempo ha revolucionaron las ciencias y llegaron a influir decisivamente en las sociológicas.

El transformismo es hoy ley de la vida en todas sus manifestaciones; y en estos descubrimientos de Burbank pueden aprender por criterio analógico los que creen que los pueblos son siempre los mismos, los que no ven las evoluciones y diferenciaciones que en los mismos se operan por selecciones sucesivas. Después de todo, acaso en ningún otro país como en Cuba pueden verse variados y curiosos fenómenos de selección y cruzamientos.

Acaso nuestro porvenir nacional no sea en el fondo más que un complicado problema de selección étnica —fisiológica y psíquica—. Quizás no se trate sino de conseguir que el espinoso cactus de nuestra psiquis criolla (desgraciadamente cruzado con especies de escaso jugo y de muchas púas) vaya por escogidos cruzamientos con cactus jugosos y sin espinas, perdiendo estos obstáculos a su utilización en la obra civilizadora de los pueblos, y adquiera los jugos morales y mentales de que carece para poder servir de sustanciosa alimentación social.

Pero, desgraciadamente, Mr. Burbank no puede llevar sus trabajos a la selección de ese cactus humano y ésta —especialmente en Cuba— sigue abandonada a sí misma, determinada por las más elementales leyes físico-sociales, luchando contra la biológicamente general prolificuidad de las especies inferiores apenas contrastada por la acción de los gérmenes llegados de los países fríos en los vendavales inmigratorios y en los ciclones políticos.

¿Encontrará Cuba un Burbank que seleccione sus especies y nos dé la especie regenerada que todos soñamos?...

XXI. Cátedras de agricultura

La noticia, cablegrafiada desde Roma, de los éxitos del Instituto Internacional de Agricultura creado bajo el patronato de Víctor Manuel III, por una parte, y por otra la modesta tentativa de algunos conferencistas tabacaleros cristalizada pocos días ha en esta Capital, dan actualidad a nuestro tema.

Estas conferencias han hecho resaltar la viva necesidad cubana de una intensa instrucción agrícola, para sacudir el rutinarismo de nuestros cultivadores, agravado, si cabe, por la propaganda de pretendidos técnicos de nuestras plantaciones, que jamás han logrado salir de un empirismo tanto más perjudicial cuanto más infatuado y expansivo.

En cambio los triunfos del Instituto Internacional de Agricultura de Roma nos hacen recordar el renacimiento agrícola italiano cuyo estudio no sería ciertamente de los menos útiles a nuestros gobernantes.

Cuarenta años ha, cuando la península itálica acababa de realizar su ansiada unidad, expulsando a los austriacos del suelo patrio y conquistando para el liberal gobierno de los reyes de Saboya el territorio pontificio, el pueblo agrícola se encontraba sumido en la más espantosa barbarie agrícola. Explotado por gobernantes rapaces y retrógados había ido olvidando lo aprendido cuando el resurgimiento medioeval, y todos los cultivos se proseguían empíricamente, con procedimientos no muy distintos, esencialmente, de los que al otro lado del Mediterráneo eran practicados por los pueblos norteafricanos.

Pero la ráfaga de civilización que en la elevada esfera de la política arrastró con caducos organismos y con rancias instituciones, cundió en la masa agrícola, y la hizo salir de su letargo secular.

La propaganda de la agricultura moderna fue haciéndose más intensa y difundida y hoy Italia, especialmente en las llanuras de la Lombardía y la Romaña, en los valles del Piamonte, de la Liguria, del Veneto y de la Emilia se nos ofrece como el más hermoso ejemplo de regeneración agrícola.

No consiste ésta tan solo en roturar terrenos incultivables, ni en desecar pantanos, ni en bonificar suelos exhaustos como el agro-romano, ni en intensificar los cultivos adaptándolos a favorables condiciones de medio ambiente. La obra esencial de los inspiradores de la revolución agrícola italiana —no todos políticos ni grandes científicos, sino hombres del pueblo, estudiosos, de voluntad y buena fe— se encamina hacia la roturación de los cerebros incultos y rocosos de la población campesina, hacia la desecación de las charcas de la ignorancia en cuyo fondo yace el limo que ha de hacer germinar la vida fuerte y moderna...

Ahora bien, factor esencialísimo de esta resurrección agraria es el establecimiento de las cátedras ambulantes de agricultura debidas a la iniciativa de las cooperativas populares y prohijadas oficialmente por el gran hacendista Luzzatti.

Ya no se conforman los italianos concentrando su enseñanza agrícola en las ciudades; comprenden la necesidad de esparcirlas por todos los campos y a todos los vientos como semilla de la prosperidad y de la riqueza futuras.

Hagamos algo nosotros en tal sentido. Estudiemos la manera de llevar la instrucción agraria, la vulgarización científica a la mente de la gran masa guajira que puebla la lujuriosa campiña criolla. Veamos el modo de crear esas cátedras ambulantes de agricultura que tanto éxito obtienen fuera, para que nuestra enseñanza agrícola no se limite a los plausibles pero forzosamente limitados esfuerzos de la Estación Agronómica de Santiago de las Vegas, para que abriendo surcos hondos en la inteligencia guajira pueda ésta fecundar el germen de las ideas científicas modernas, cuya propagación y práctica harán de Cuba un poderoso y rico pueblo.

Este sería el primer paso para preparar la base firme en que habrá de cimentarse todo el sistema de la regeneración agraria de Cuba.

La vida cubana es vida agrícola. Hay que luchar por ella como se hacen hoy todas las guerras, con procedimientos científicos y meditados.

Instruyamos a los guajiros, que ellos serán soldados de la riqueza nacional.

XXII. La psefografía de Cuba

Un buen amigo piamontés ha tenido la amabilidad de enviarme un recorte de una revista turinesa, cuya lectura se presta a muy nuevas reflexiones, que dejo para el lector.

Sabedor mi inolvidado compañero de andanzas itálicas de que en Cuba la balanza electoral se inclina a favor de uno u otro de los candidatos, según la cantidad de oro y de plomo que cae en los respectivos platillos, ha creído favorecerme dándome noticia de un invento que está llamando la atención en uno de los palacios de la exposición de Milán.

Se trata nada menos que de una máquina para votar, inventada por un italiano, un tal Eugenio Boggiano, que la ha bautizado con el nombre de psefógrafo.

El curioso aparato parece una de tantas cajas automáticas que reparten postales, cigarros y bombones, como podrían repartir porciones de turrón gubernamental.

El elector recibe del presidente del colegio electoral un disco y con él introduce la mano en una especie de receptáculo cónico que la oculta al público, asegurando así el secreto del voto. Deposita luego el disco en tal o cual de las varias casillas correspondientes a los candidatos o en la de los que hoy llamamos votos en blanco y que luego se dirán votos en el vacío.

El disco, una vez suelto, hace mover una serie de resortes, uno de los cuales marca el número de los votantes en un cuadrante que está a la vista del público, y otros señalan el número de votos obtenidos para cada candidato en otros cuadrantes menores que se mantienen cubiertos hasta que se termine la votación.

El escrutinio queda suprimido, pues los cuadrantes van registrando el número de votos que se depositan en la máquina, pudiendo contar hasta 10.000.

Si las votaciones se reducen a obtener la opinión afirmativa o negativa a una cuestión, entonces las casillas se titularán «si», «no», y «abstenido».

El psefógrafo tiende a aportar un grano de arena a la legalidad y moralidad del voto y, especialmente, está destinado a facilitar una forma de manifestación de la voluntad pública como el referéndum, tan frecuente en los pueblos que son cultos y libres como en la hermosa y serena Suiza.

No he llegado a comprender si mi amigo me ha enviado la noticia de tan curioso invento con generosa seriedad o movido por uno de sus exquisitos rasgos de humorismo; porque la verdad es que pensar en el éxito de la psefografía en Cuba, hace sonreír a cualquiera.

Nos haría el efecto de un aparato automático en que íbamos a tomar el peso de nuestro pueblo, como así sería en efecto, y esto estaría bueno para pueblos infantiles y enfermizos, que no para el cubano, que es un asombro de virilidad y energías.

¡Echar un disco en la urna electoral! ¡Qué ridículo! Aquí amarnos el símbolo y en la tradicional urna echarnos el maüsser de un rural, el tolete de un policía, la escoba de un barrendero, el machete de un veterano, el petróleo de un rebelde, el auto de procesamiento de un juez, y otras tantas zarandajas que nos complacemos en sacar a relucir para recordarnos a nosotros mismos que no degeneramos los descendientes de Viriato y que todos, lo mismo si nos mantenemos en el poder de a hombres, que si nos rebelamos de a héroes, estamos sobrados de fuerza y de guapería para perpetuar en esta tierra de valientes nuestra historia de matonismo político. Y esto es lo que nos importa, para que nos admiren las naciones extranjeras.

No se moleste, pues, el Signor Roggiano en registrar la patente de su psefógrafo en el Estado cubano, que no hemos de acudir a su invento, por costoso, complicado e inútil. Mientras la Patria y el

Sentido Común, que emigraron el día 20 de mayo de 1902, no regresen a sus lares, la voluntad pública se manifestará a machetazos o a golpes de tolete; nuestras elecciones se harán en la manigua o en la Gobernación, o —y esa sí que es una máquina maravillosa y sorprendente— a bordo de un acorazado americano.

Pero demostraremos que somos todos unos valientes: no hay duda de ello. Por eso nos vemos en el correccional de la intervención.

XXIII. Ante las estatuas

Las revistas francesas siguen tratando de la especie de estatuomanía que ha invadido a su patria desde hace unos años.

Lo que pasa en Francia, ocurre también en otros países europeos. No hay poetastro, académico, militar, ni político, que no merezca allá en su villorrio natal los honores de una estatua.

El homenaje se extiende a veces hasta a los vivos con escarnio de la dignidad humana. El mismo sabio París ha incurrido últimamente en no pocas ligerezas estatuarias.

Por otra parte, el exceso de producción perjudica la riqueza de la misma, y la estatua que en calles y plazas se levanta para tributo a glorias populares, dista mucho de significar lo que en tiempos anteriores. Pero la prodigalidad de las estatuas, dejando a un lado los inconvenientes del abuso, no deja de traducir sentimientos delicados del alma del pueblo, que conviene recoger y alentar. Es de pueblos cultos y nobles honrar a sus hombres de mérito, y si a la erección de una estatua se llega por la previa admiración de los compatriotas de valer, puede esta admiración llegar de rechazo al conocimiento y estima de los insignes más o menos olvidados.

Por esto, cuando hace pocos días se hablaba de dotar a nuestros paseos con estatuas de muertos sabios (Saco, Poey, José de la Luz...), de muertos patriotas (Céspedes, Agramonte, Maceo, García...), de muertos artistas (Avellaneda, Heredia, Plácido...), la idea mereció el mejor y más sincero de los aplausos, tanto más, cuanto que la idea es perfectamente factible: bastaría con que nuestro Ayuntamiento supiese dedicar 7 o 10.000 pesos anuales, para que dentro de pocos lustros estuviesen nuestros parques adornados con las estatuas de los que entre nosotros han brillado por la profundidad de su saber, por la excelsitud de su heroísmo o por la divinidad de su arte. Con estas estatuas y con un panteón de cubanos ilustres, se haría más por la nación y por el sentimiento patrio, que con los volcánicos discursos de políticos logreros, y con desplantes de anacrónicas mambiserías.

Porque es verdaderamente bochornoso e indigno del pueblo de los mambises, el hecho de que, alcanzado en algún grado el ideal nacionalista de independencia, no hayan sido nuestros primeros actos para honrar a los cubanos que brillan con los fulgores de su gloria en las negruras del pasado tenebroso.

En La Habana, después de aquella ridícula estatua de quincallería que fundida en calamina hubo de ofrendar la intervención americana a la libertad, sobre el pedestal que fue de Isabel II, no hemos hecho más que erigir una miserable y pobre estatua de Martí, cuyo costo se reunió a duras penas y sin valor artístico apreciable, ejecutada casi a escondidas. Ni Maceo, ni Céspedes, ni Saco, ni ninguno de los cubanos ilustres tienen un modesto monumento. En provincias pasa igualmente. Matanzas ha logrado una estatua de Martí, solamente por el esfuerzo constante y devoción patriótica de Quesada y de los que le ayudaron en recaudar fondos.

Pero de la acción oficial, nada se ha visto, y esto debe avergonzarnos, después de haber observado el despilfarro de nuestra riqueza, después del escandaloso pago del ejército, después de las locas subvenciones en metálico a hombres de valer más o menos discutible, pero incapaces de la virtud de la austeridad, y de saqueos al tesoro nacional que hacen dudar muy mucho de nuestro pasado y entenebrecen nuestro porvenir.

Ya que se trata de modernizar a La Habana, adornémosla paulatinamente con estatuas artísticas de compatriotas ilustres, que el Ayuntamiento que tal labor inicie merecerá plácemes y gratitud.

Pero sepamos mantenernos en justas restricciones, sin exageraciones que en París pueden disculparse, pero que en Cuba nos llevarían a esculpir mármoles para gloria de cualquier general de opereta, para memoria triste de algunos poetas de musa femeninamente vanidosa y para honor de ciertos políticos nefastos.

XXIV. La huelga blanca

Acabo de leer en una revista europea el éxito obtenido por los obreros metalúrgicos de una villa industrial de la Prusia renana. Se trataba de mejorar las condiciones económicas de los aprendices y de regularizar el funcionamiento de las cajas para pensiones a los ancianos. Una mala inteligencia, agravada por resquemores personales, hizo estallar el conflicto que al cabo de quince días tuvo solución satisfactoria.

Pero lo curioso del caso, y que muestra lo que puede alcanzar la cultura del pueblo, es que en esta huelga, más que en otra alguna, se han tocado todos los resortes de lucha legal, sensata y científica por ambas partes. Agitada la masa obrera por la predicación de los intelectuales rojos, aprestóse a conquistar un nuevo plano en su ascendente progreso. Una comisión de obreros, asesorada por algunos técnicos —se trataba también de mejoramiento sanitario— emitió un proyecto de reformas y unas bases de petición. Los patronos pidieron tiempo para estudiar la solicitud y su viabilidad, y les fue concedido; lo que produjo un rápido examen técnico de la misma y una negativa razonada. Entonces los obreros, habiendo sometido la cuestión a riguroso referéndum —es decir— a votación personal, huyendo de sugestiones levantiscas de agitadores parasitarios, decidieron ir a la huelga. El propósito fue anunciado con ocho días de anticipación a los patronos y ocho días después fue abandonado el trabajo, no sin dejar un retén de obreros que cuidara de que no se apagaran los hornos de fundición, pues ello podría impedir el restablecimiento de la normalidad, con perjuicio de todos, ya que de apagarse, la operación de hacerla funcionar nuevamente requiere muchos días, semanas enteras.

Declarada la guerra se dividió el trabajo de la misma entre los organismos ya previa y permanentemente creados. El fondo de resistencia se puso en movimiento, las cooperativas de consumo abrieron sus puertas al crédito obrero, los oradores y los periodistas de clase avivaron la opinión, una delegación de los mismos obreros en huelga planteó los términos de la cuestión litigiosa tal como debía ser llevada al arbitraje, los diputados socialistas interpelaron al gobierno imperial en los escaños del Reichstag...

Llevado el litigio a un tribunal mixto de arbitraje, la cuestión fue resuelta tras de un breve período de examen, y éste dictó laudo concediendo a los obreros parte de sus reclamaciones, aplazando a términos sucesivos la implantación de otras reformas, y negando en definitiva algunas inoportunas solicitudes...

Poco después el trabajo era reanudado, y una merienda popular en un bosque vecino, a la que asistieron los patronos y las autoridades, cerró con sello humanamente simpático ese conflicto de intereses resuelto por la culta mentalidad de los contrincantes.

Ni un atropello, ni un vigilante más en las calles: hasta la delincuencia habitual disminuyó durante la huelga, confirmándose así una ley de criminología colectiva.

Y esta lectura, que en otras épocas hubiese traído a mi alma un aliento de esperanza por la consecución pronta del evolutivo mejoramiento íntegro del proletariado universal, hoy, en Cuba, cuando los zarpazos de una huelga impulsiva, loca y... tropical —como nuestras rebeliones tristemente infantiles— hace sangrar la patria amada, solo puede producirme dolor y desaliento. Llegarán días de bonanza para el proletariado, obtendrá éste en etapas sucesivas, como ya tiene conseguido en pueblos más cultos, descanso semanal, retiros para ancianos e inválidos, seguros contra accidentes, pensiones para viudas, escuelas técnicas industriales gratuitas, cajas de ahorros, cooperativas de producción y consumo, participación en las utilidades, etc., etc.; pero todo esto no son más que ideales y lontananzas para el proletariado cubano, que distraído en guerras íntimamente secundarias, no ha querido presentar batalla acerca de uno solo de los aspectos intrínsecamente principal de su mejoramiento. Y así se ha dado el caso de que no tenga en Cuba una sola cooperativa de consumo acreditada, de que no tengan una sola escuela popular... Ante una masa obrera tan inconsciente que no acomete el problema de su vida partiendo desde su base, no cabe extrañar que los poderes constituidos, huérfanos de una ley de huelgas, que existe promulgada o consuetudinariamente en todas partes, tengan que verse en el caso de aplicar anacrónicamente artículos de un Código Penal promulgado el año 1870 —hace unos cuarenta años— cuando las huelgas apenas sí habían adquirido carta de naturaleza en la vida económica.

Para evitar la triste situación bastaba una ley de huelgas promulgada por el poder legislativo; pero éste no lo hará, pues si cubano no sabe pensar acerca de lo que a un pueblo le es indiferente, y si americano... le es indiferente implantar mejoras que el pueblo cubano no sabe pedir.

XXV. El bello gesto de los yanquis

Paul Adam, el publicista francés de cuyo libro traté poco ha, ha dedicado un capítulo de su citada obra *Vues d'Amérique* al viaje que años atrás hizo a nuestra entonces flamante república.

La independencia de Cuba es le *beau geste des yankees*, dice Paul Adam. La guerra con España y la aventura cubana constituyen la coquetería de los norteamericanos. Al hablar de la situación política de Cuba, no hace Paul Adam sino seguir el encomio casi siempre justificado, pero a veces infantil, que en todas las páginas de su libro le merecen la vida y la cultura americana. Los yankees hicieron desaparecer la fiebre amarilla, trazaron el ferrocarril central, sanearon La Habana, hicieron el Malecón, etc. etc. «Si los americanos, dice, obraron teatralmente para conseguir el aplauso del universo, es justo que satisfagamos esta fantasía. Pocos vencedores habían dado tal prueba de desinterés histórico.»

La cultura cubana puede estar orgullosa del concepto que a Paul Adam ha merecido. Dice de un meeting en un teatro, que nada pasa en él que no sea digno y correcto, y añade: «los adversarios del presidente Palma no pronuncian su nombre sino rodeado de epítetos laudativos, aún cuando la frase critique los actos oficiales. Juan Gualberto Gómez, elocuente y radical, puede durante toda una hora discurrir contra el oportunismo inteligente (?) del poder, sin que se le escape una palabra malsonante... El joven Congreso de Cuba, podría dar lecciones al nuestro... (!)»

«El anexionismo está en Cuba, sigue diciendo Paul Adam, muy extendido entre las clases ricas y los hacendados. Menos los soldados de la independencia, todo el mundo da por seguro que la riqueza del país se decuplicaría por el mero hecho de la anexión a los Estados Unidos.

«La campaña que empieza a hacerse en favor de tal idea es verdaderamente seria.»

De nuestros campos habla el literato francés con el más vivo entusiasmo. «Cuba, dice, es la cuna de la belleza», «es el país ideal de los pintores».

Pero el entusiasta Paul Adam ha incurrido en el defecto, disculpable en otros, de describir una Habana fantástica, mitad española medioeval, mitad africana.

Habla de nuestros soldados y dice que están vestidos como mosqueteros de teatro, afirmación desprovista en absoluto de fundamento e indisculpable en un francés cuyo ejército conserva todavía los más chillones uniformes de las tropas europeas, contrastando con la sobriedad del uniforme cubano.

Cuenta de nuestros barrios antiguos que recuerdan los tiempos del Barbero de Sevilla y cosas familiares a Don Juan, a Don Bartola, y a Doña Sol. Ve en los patios habaneros elegantes surtidores (!). Dice que en las escaleras de piedra de nuestras antiguas casas resuena el mismo ruido que antes, cuando Don Quijote al subirlas las arañaba con sus espuelas (!). Encuentra paredes de mármoles y de azulejos, y plintos de arabescos musulmanes (?).

Forzoso es decirlo, Paul Adam, al hablar así de La Habana, la creyó una ciudad andaluza, de esa falsa Andalucía de panderetas y abanicos, de caireles y alamares, de peinetas y basquiñas, de castañuelas y manzanilla que conocen los no españoles, y los que, como el literato francés, la han visto solamente a través de *Carmen*, el *Barbero de Sevilla* y de *Don Quijote*!, quien, aunque parezca ignorarlo Paul Adam, no estuvo jamás en Andalucía.

Asegura seriamente el publicista ultramarino que los americanos, en cuatro años, han cambiado las costumbres de la clase media y de la elevada. Y dice esto porque las brigadas de higiene sacaron las inmundicias y trastos viejos que arrinconábamos en nuestras casas, con constancia de traperos.

Y esa pretendida y desgraciadamente incierta americanización estupenda de Cuba y de los cubanos, pretende demostrarla en todas ocasiones. El españolísimo Jai-Alai dice que es americano por sus proporciones enormes, por su decorado (!) sobrio y por la organización de las apuestas. Bien se ve que Paul Adam no solo ignora lo que es la vida andaluza, que se le antoja de opereta, sino que desconoce la del resto de España. ¿Qué concepto le merecerá al autor francés el pueblo de sus vecinos? ¿Es que todavía privan los novelones de los Dumas y creen que África empieza en los Pirineos?

La quinta de salud de los asturianos, la Covadonga, según él, debe su apogeo y su organización a la americanización de marras, como si antes de que ondeara en Cuba el pabellón tricolor no hubiesen dado ya los españoles aquí residentes esas pruebas de su espíritu cooperativista, que llamamos centros regionales, y que no necesitaron del resorte norteamericano para nacer y vivir, como pretende el iluso literato.

Ni un piropo cortés a nuestras cubanas. Paul Adam, no vio sino a legiones de mulatas vestidas de muselina y paseando por nuestras calles, y a jóvenes criollas, tras de las rejas, vestidas como niñas en la primera comunión. Hasta a los motoristas de los tranvías los hace mulatos.

¡Naturalmente! describe la «volanta».

Y, por fin, dice que la glorieta del Malecón es una elegante rotonda debida al mejor gusto de Luis XVI. Parece que no se fijó en que nuestros músicos militares tocan en ella cómodamente sentados, *a la americana*, soñando quizás con que algún día haremos bueno el dicho de Paul Adam, vistiéndolos de mosqueteros, con sombrero chambergo, espada de cazoleta y refilados bigotes a la borgoñona.

XXVI. Por la instrucción mercantil

Llegan a mí noticias de los no interrumpidos triunfos de la Universidad Comercial fundada en Milán por los Boudin, institución ésta que coopera briosamente al renacimiento económico de la alta Italia y de la Italia toda.

Con ella contrasta lastimosamente el estado mísero de nuestra enseñanza mercantil, y ello es tanto más de sentir cuando, como dice un profesor:

«Con arreglo al censo practicado en el año de 1899, el número de personas dedicadas al tráfico mercantil, ya como principales, ya como auxiliares o dependientes, era de 79.427, cifra que indica bien a las ciares, la necesidad de que el Estado nuestro fije su atención en la enseñanza mercantil. Y la creciente prosperidad de nuestras industrias y el desenvolvimiento de nuestras riquezas, ofrecen a la observación de los que deben velar por nuestro provecho, motivos más que suficientes para dedicar a esta enseñanza los preferentes cuidados que merece.»

No cabe duda de que si el estudio comercial está abandonado en Cuba, es una buena parte por el excesivo número de aspirantes a los empleos públicos que hace abandonar las profesiones mercantiles e industriales; pero no puede olvidarse que ello se debe también a que la enseñanza mercantil no se adapta a la masa de individuos que hallarían en ella la satisfacción de una necesidad si la enseñanza comercial saliera de los rancios moldes académicos que hoy reviste para ir a buscar a los alumnos en los lugares, hora y circunstancias convenientes para éstos.

Una reforma bastaría para dar mayor vida a la enseñanza mercantil que en forma tan pobre se da en nuestro Instituto de Segunda Enseñanza, y ella sería la de hacer que las clases fueran nocturnas. El que con amor estudia comercio, es porque ya está iniciándose en el comercio, y el que en éste está ya no puede por lo común disponer de más horas que las de la noche. No hay más que observar los útiles que son las academias nocturnas de los institutos regionales para hallar en ello una comprobación de lo expuesto.

Por otra parte, habría que hacer gratuita la enseñanza; nada de matrículas, nada de exacciones al estudiante, que dado el deber del Estado de prodigar la enseñanza, resultan verdaderas inmoralidades públicas.

Habría así mismo que modernizar el sistema de enseñanza y abolir los artificiosos exámenes, que en la carrera comercial son más inútiles que en otras. Cuando la enseñanza mercantil se dé, no como ahora sucede, para optar a un título de perito mercantil que o es baldío o es tan solo base de un nuevo puesto burocrático, sino que se difunda para generalizar conocimientos, claro está que el que reciba lecciones no irá a buscar una nota en un examen inútil, sino a atesorar conocimientos que han de servirle en la vida práctica. La profesión del comerciante es una profesión libre, para cuyo ejercicio no necesita título ni estudios reglamentados, al revés de lo que sucede en los demás. Un comerciante necesita conocimientos y aptitudes, no un título; un abogado o un médico puede ejercer su profesión sin conocimientos ni aptitudes, le basta poseer un título conquistado a fuerza de contorsiones mentales, de favores y de abdicaciones de dignidad.

Hay muchos individuos del foro que conocen el derecho, que lo explican, que ejercen en realidad como letrados, y sin embargo no pueden ejercer ni firmar como abogados porque no tienen el título que ostenta un ignorante firmón; pero, en cambio, el que ejerce el comercio... es siempre un comerciante.

No es, pues, en todos los casos, el individuo el que se aparta de la enseñanza comercial, es ésta la que en Cuba huye del alumno, poniéndole trabas y costas y encerrándole en un caduco academicismo impropio de su índole y naturaleza.

Por esto triunfa la Universidad Comercial de Milán, porque se acerca al aprendiz de comerciante, porque la rigen criterios positivistas, porque es verdad.

XXVII. Fiestas populares

Es cosa curiosa para los que siguen —aunque sea de lejos— los estudios sociológicos, notar cómo ha sido descuidado el de las fiestas populares. La agonografía, que en tiempos remotos, de formalismos casi sagrados, estuvo cultivada con favor, hoy parece olvidada en un desván de la inteligencia sin haber merecido la regeneración positiva que han alcanzado otras ciencias igualmente arcaicas como la alquimia y la astrología, por ejemplo.

Y ello es verdaderamente de sentir, porque las observaciones agonográficas que se intercalan en estudios generales de sociología, no pueden reflejar sobre el interesante tema luz alguna que vaya perpendicularmente a alumbrarnos su fondo y a hacer brillar sus características.

Si el alma del niño se estudia en gran parte al través de sus infantiles juegos, del alma de los pueblos podrían sorprenderse muchas facetas tras de los juegos públicos.

Si el juego representa algo de por sí en la psicología individual (tampoco estudiado debidamente), algo deben significar asimismo las fiestas populares en la sociología, en esa ciencia que, al decir de Tarde, no es sino el microscopio solar de la psicología.

Las fiestas de los pueblos son algo así como los juegos de los niños, torrentes por donde se desbordan sus fuerzas psíquicas más potentes, espejos donde se refleja toda su constitución en la simple sencillez de su primitividad.

Los juegos del estadío griego, más que fenómeno alguno, nos proyectan la silueta del alma helénica. El circo y las fiestas sagradas, saturnales, etc., nos retratan los caracteres psicológicos más salientes de los romanos.

Las justas, los torneos y las cortes de amor de los señoríos y feudos, nos hacen llegar destellos vivos de la vida medioeval.

Y así hoy día: de las corridas de toros al baseball, de las carreras de caballos al correr de la pólvora. Hay estratos de vida bien diversos que nos son revelados por dichas fiestas de la misma manera que en las estratificaciones geológicas aparecen las huellas de especies vegetales que ya no son y que fueron contemporáneas,

Pero la conclusión más triste que la agonografía habría de deducir de la observación sintética es la de que los pueblos que no tienen fiestas públicas, o son pueblos caducos que van rodando hacia su disgregación y absorción por otros, o son pueblos en germen que no han podido todavía cristalizar sus expansiones de gozo en moldes propios y ya definidos.

Como los niños que no juegan con la algazara propia de sus volcánicas impulsiones, o son niños defectuosos que no han podido desarrollar sus almas al ritmo de la naturaleza o son retoños raquíticos que han de secarse en breve al primer aquilón de la vida o han de vivir en estufas e invernaderos como esas plantas exóticas que no pueden aspirar la vida común y solo viven para contentamiento de privados con despilfarro de energías y utilidad de nadie.

Ya que se trata con fines plausiblemente egoístas de dar vida de alegrías a esta soñolienta gente capitaleña, bueno sería que se estudiara el modo de plasmar en formas más y más propias y cubanas las expansiones populares, y en extender el radio de éstas a los límites nacionales, sin reducirlos a campos locales. Los pueblos que no se unen nunca para las fiestas no saben reunirse tampoco para fines más elevados y de más difícil comprensión. La difusión intensa y *cubiche* del baseball, por ejemplo, por toda la nación sería empresa de no difícil y si muy conveniente realización; porque lo que nos pasa en el baseball nos pasa en la vida pública, y es que por rencillas de comadre, por vanidades de chiquillos y por codicias bochornosas, en el diamante como en el gobierno estamos necesitando del auxilio americano.

No nos propongamos con los nacientes festejos populares un fin exclusivamente utilitario; miremos más alto, porque si nos contentamos con levantar una pintarrajeada y chillona barraca de feria nos exponemos a verla reducida a jirones, como nos pasó con aquella república de cartón y percalina que, aunque pintada con roja sangre de libertadores, apenas sirvió más que para teatro de polichinelas y agosto de mercaderes.

XXVIII. Supervivencias africanas

Como dicen los *ñáñigos* en su jerga especial, *guanaloriponsa empomá aserendé*, o lo que es lo mismo dicho en lenguaje cristiano: el que no mira hacia adelante atrás se queda. Y esto es lo que a nosotros nos ocurre con el ñañiguismo,[1] cuya desaparición hemos confiado casi exclusivamente a medidas de ciega represión.

El ñañiguismo, si bien por sus caracteres se presente en Cuba como un fenómeno psicosocial africano, en rigor debemos considerarlo como un fenómeno que responde a un estrato determinado de la evolución de los pueblos, cualquiera que sea su raza y su religión. Prueba tenemos nosotros de que el ñañiguismo —dando este nombre al conjunto de características sintomáticas del estado especial de instrucción pública-religiosa que se revelan en frecuentes ocasiones— ha tenido arraigo intensísimo en Europa, especialmente en los tiempos medioevales, como también en los Estados Unidos, con preferencia cuando la fermentación del antiesclavismo. Así es que el ñañiguismo, sociológicamente considerado, no es cubano solamente, ni es exclusivamente negro: lo han conocido casi todos los países y casi todas las razas.

Sin embargo, jamás el ñañiguismo ha merecido en Cuba otra consideración estudiosa que la de los articulistas de costumbres, y la de un funcionario de policía que allá por el año 1881 hubo de informar acerca del mismo al Ministerio de Ultramar español; pero en ningún caso se ha pasado de la mera exposición analítica del fenómeno, sin llegar a su interpretación sociológica.

Por eso hoy se ignora generalmente la razón del ñañiguismo, sus fines, su origen y los comentarios que debe merecernos su supervivencia... No hemos de extendernos aquí acerca de estos temas por demás sugestivos, que merecen y requieren más amplio desarrollo,

---

1 Sociedad criminal de La Habana, formada por los negros. (N. del A.)

que algún día habremos de darle; pero séanos permitido hacer resaltar una triste consideración.

El ñañiguismo es como esos hongos que crecen en los sitios sombríos, húmedos y solitarios, en los lugares donde la luz y el aire penetran con dificultad, donde impera la podredumbre, al pie de las caducas arboledas o en el fondo de los subterráneos. Por eso pudo germinar en Cuba, por eso el germen importado con la trata halló en América campo propicio para su desarrollo; porque aquí los troncos de nuestra cultura estaban resquebrajados y enterraban sus raíces en charco pestilente, sumida en las negruras de la ignorancia más espantosa; por esto todavía subsiste, porque la obra de higienización apenas se ha llevado a los campos de la inteligencia popular, y en ésta sobran todavía oscuros antros, donde pueden crecer esos gérmenes parasitarios.

Pero sería ilusión creer que ha de bastar la instrucción para alejar las tinieblas africanas; es preciso también levantar algo el nivel moral de nuestra nación hoy llorosa y enlutada por la caída de los ídolos que daban ideales a su existencia. Si se quiere luchar contra el morbo ñáñigo, más dañino en su significación íntima que en sus efectos naturales, se imponen nuevos criterios de cultura, templar mejor la hoy mellada espada de la justicia, encauzar en firmes contenes el desbordante torrente de las reivindicaciones proletarias, cesar en esa desmoralizadora y loca prodigalidad de indultos de criminales, regenerar la justicia correccional y apuntalar ciertos prestigios de ideas, de principios y de personas que hoy están tambaleándose más que por la carcoma de sus bases, por la inconsciente labor de los que más obligados están a sostenerlos para su propia dignidad y honor. Fíjense los magnates en que el renacimiento del ñañiguismo puede ser el mejor y más triste comentario de sus equivocados criterios...

Porque si no, habrá que pensar en la necesidad de beber la sangre del *ecué*, y en seguir a cualquier *diablito* más o menos patriótico, canturreando con monotonía africana:

Enllugue noimó saisain monima.

XXIX. El timo del polo norte

Si Lombroso viviera, antes de mucho leeríamos un nuevo capítulo para su libro *Delitti Vecchi e Delitti Nuovi*. Nadie como él gustaba de observar las nuevas formas de la delincuencia, para descubrir, aun en ellas, la corriente de cultura geométricamente progresiva, característica de esta edad.

Lombroso recopiló delitos ciclistas, automovilísticos, telegráficos... toda la gama de la delincuencia, a través de la civilización presente.

Los delitos se transforman. La delincuencia de sangre de antiguos días se convierte en la delincuencia contra la propiedad ahora predominante.

Los bárbaros asesinos se ven suplantados por los estafadores intelectualmente cultos y solo logran arraigo y permanencia en el mediodía de Europa.

Los homicidas son los salvajes que nos quedan en el seno de nuestras ciudades, son los antepasados, los supervivientes de una edad belicosa de piratas y corsarios, de mosqueteros y *condottieri*, de guapos y de *curros*... Los estafadores son los hombres del día, como expresión de una intelectualidad moralmente corrompida... pero intelectualidad al fin.

La delincuencia se transforma, como la vida toda, y no he de ser yo ciertamente quien descubra al lector este fenómeno, después del valiente estudio de Nicéforo, *Las transformaciones del delito*, que traducido por mi buen amigo C. Bernaldo de Quirós, ha logrado bastante difusión en los países de lengua castellana.

Digo todo esto, porque acabamos de encontrar en la fauna delincuente un ejemplar de una nueva especie, representada hasta ahora por el doctor Cook, ese audaz bruklinés que ha estafado al mundo con su supuesto descubrimiento del Polo Norte.

Acabo de leer que el doctor Cook ha recogido como producto de varias conferencias, obsequios altruistas, artículos y entrevistas periodísticas, una suma mu y cercana a los $ 200.000, que le recompensan los gastos y sufrimientos de su excursión ártica, ya que no polar.

Al publicarse el dictamen de la Universidad de Copenhague, el mundo se ha asombrado de la audaz mentira, mientras Cook se frotará las manos contento del éxito pecuniario de su último trabajo, y digo último, porque ahora parece resultar que el mismo Cook falsificó hace años una ascensión al monte McKinley, que le valió también pingües recompensas.

Y al fin se ha dicho despectivamente: «cosas de americanos», como si al así decirlo no se hiciese la apología de un pueblo; porque decir eso es decir que tales delitos —delito es el acto de Cook aunque no haya Códigos que lo penen— ofrecen caracteres propios de la psicología norteamericana, olvidándose que la estafa del polo requiere sólida cultura, más sólido carácter, avasalladora acometividad... cualidades que bastan para justificar triunfos y hegemonías.

Nuestros estafadores, los intelectuales de nuestra criminalidad —y con los nuestros los afines españoles y los de igual retrasada cultura— no pasan del timo del entierro, original de España, y de la falsificación de monedas y de documentos más o menos hábilmente hechos, y al delinquir caen en las redes del Código Penal. Los heraldos del hampa americana, inglesa o parisién, pueden darles lecciones. ¿Por qué no aprovecharlas? Después de todo, si la delincuencia es fenómeno sociológicamente natural, siempre es preferible que lo estafen a uno simulándose descubridores del Polo a que lo envíen *ad patres* de una puñalada.

Y siempre será mejor que el engañador nos adultere los descubrimientos de la ciencia para sacarnos dinero y aplausos a que nos hable de curas sobrenaturales y nos asesine nuestras criaturas, como en esos casos de brujería afrocubana suficientes para estigmatizar un sistema de cultura que tolera impávido tales salvajismos.

Lo que hay que observar en Cook, es la forma americana y los medios audaces y mentalmente superiores del engaño, porque el fondo, su inmoralidad psicológica... ello es cosa que no está a la altura de su audacia, y de su inteligencia, es la misma delictuosidad del bolsista que provoca la ruina ajena o del humilde lechero que echa agua a la leche. Se trata siempre de engaños y en esta época de industrialización, no hay por qué asombrarse por una falsificación más, que intrínseca y directamente a nadie daña.

Saludo cordialmente la aparición de la nueva especie de falsificadores de ciencia; ello demuestra que la ciencia avanza y que hasta la delincuencia se ampara en la cultura.

A ninguno de nuestra cultura se le hubiera ocurrido una estafa semejante y es que a los de nuestra raza no se les considera capaces de descubrir el Polo, y a los sajones sí. Y piénsese lo que eso vale y significa. Es el crédito de una civilización.

¡Ah! Si Cook fuese cubano...

¡Cuándo llegaremos a producir estafadores de tal jaez!

Que sea pronto. Es el voto de un honrado.

XXX. Nicaragua intervenida

No, rompo las cuartillas. No quiero tratar este tema como me piden, encerrándolo en el marco del derecho internacional, en esa que no parece ser sino una de tantas mentiras convencionales de nuestra civilización augusta. Porque ¿qué importa al mundo la ortodoxia más o menos rigurosa de la actividad imperialista norteamericana, si ésta ha de imponerse, al fin, como realidad viva y hasta jurídica? ¿Qué falta hace escudriñar entre los repliegues de la siempre acomodaticia doctrina, cuando en hechos nuevos habrá de plasmarse necesariamente una teoría legitimadora, como sigue siempre al hecho la costumbre, a la vida el derecho?

No, olvidemos los antecedentes que la historia diplomática ha tejido entre los Estados Unidos y Nicaragua; ignoremos que no será la presente la única intervención armada de Norteamérica en los asuntos nicaragüenses, pues ya en pasados tiempos (1851), los cañones del *Cyane* abatieron la plaza de Greytown; y recordemos tan solo que la propia Nicaragua no dudó en conceder a los Estados Unidos el derecho de intervención, cuando en 1884-1885, celebró tratado que creyó base de un emporio futuro sobre la apertura de un canal transoceánico a través de su territorio.

Y digo esto porque ello refleja un asgo característico de la demopsicología tropical, del alma de los pueblos que no han podido todavía sacudir el estigma del embrutecedor coloniaje, por más que al gualdo y al rojo de Castilla hayan sustituido banderas tricolores, enseñas de libertad y democracia.

También en Nicaragua encontramos una clase social ínfima, pobre e ignorante, otra clase rica y preferentemente extranjera y una clase media de letrados y de pequeños burgueses aferrándose por una mesocracia impotente a los resortes de la gobernación.

La patria, allá, como en algún otro país que todos conocemos, está afirmada sobre los pilotes de una primitiva y roída economía pública; el Estado pierde las energías vitales por dorados conductores metálicos, y la nacionalidad no ha logrado una consagración ideal, robusta y firme capaz de desafiar no solo el roce desgastador de la acción externa, sino el peligro más terrible de una interna desintegración.

Ni el lenguaje, ni la religión, ni la raza, ni el arte, ni la ciencia, ni la geografía, ofrecen básica sustentación a la nacionalidad en estos países intertropicales. Su historia es la historia del santo ideal de una minoría aristocrática que muere lánguida y estérilmente en brazos de una democracia burocrática, ignorante, codiciosa y presumida. Y así se explica que se puedan hipotecar la soberanía y el suelo, y que el patrioterismo acalle sus gritos ante el temor de perder del todo las piltrafas del poder o ante el halago de un redivivo paraíso económico.

¿Qué mucho, pues, que Nicaragua choque con los Estados Unidos? ¿Qué extrañeza puede producirnos el hecho de que un pueblo pequeño, por su insignificancia intelectual, quede aplastado por otro grandioso por la magnitud de su vigor de civilización? ¿Es que no ha sido siempre igual la historia? ¿Qué nos importa, pues, la justicia o injusticia de la acción norteamericana en las playas nicaragüenses? El imperialismo no es una cuestión de derecho, como se aferra en creer nuestra mentalidad de leguleyos endiosados y de mercaderes usureros: es una cuestión social, amplia y complejísima que arranca de las más hondas capas del sentimiento, como diría Amadori-Virgilj, y que se adelanta hasta penetrar en las negruras de la sociología del porvenir, como supone Novicow.

Querer evitar la absorción imperialista con declamaciones jurídicas, es como detener la marcha de la ciencia contemporánea con parábolas bíblicas, como defendernos del que nos roba el portamonedas citándole artículos del Código Penal, o del charlatán que nos vende mercancías averiadas contándole consejas de la abuela.

Cubana es la pluma que estas impresiones escribe y dolorosa es la convicción que las inspira; pero más triste es aún la observación objetiva y serena de la soledad de Nicaragua en su conflicto, de la soledad cubana en el nuestro.

El mundo sigue impávido su marcha ante lo que ocurre; las cancillerías no se distraerán siquiera. La civilización nada nos debe. Engendros anémicos de un imperialismo que moría, hemos seguido embrutecidos en la modorra tropical, de la que despertaremos acaso tarde, cuando otro imperialismo que crece nos haya arrastrado en su torbellino. Cuba y Nicaragua, víctimas de igual dolencia, irán poco a poco desangrándose, y los pueblos fuertes, que fuertes son porque son cultos, pasarán a nuestro lado sin preocuparse para nada de nuestra agonía, como no preocupan gran cosa los pobres que mendigan la vida al borde del camino y al borde de la muerte. Solo una civilización intensa y difundida podría salvarnos; siendo cultos, seríamos fuertes.

Seámoslo.

XXXI. «Alma cubana»

(Programa de una revista muerta al nacer)

¡Bien hayan los compatriotas que polarizan sus iniciativas periodísticas y literarias hacia el *alma de Cuba*! ¡Bien hayan los que saben pensar y escribir del arte y de la vida sin olvidar el ánima de nuestro pueblo! Suyo habrá de ser el lauro con que la posteridad corone a los hijos buenos.

Sí; porque «Alma Cubana» es un título que es todo un programa de patria, toda una bandera de nacionalismo, de esperanza de nuestra gente, la garantía de nuestro porvenir regenerado.

Pocos pueblos habrá en cuya conciencia se agiten corrientes ideológicas y tan opuestas, que entrechocando y resbalando unas sobre otras formen un torbellino tan revuelto como el de nuestra presente crisis mental. De una parte, los románticos y soñadores, los que arrullados por el recuerdo de pasadas costumbres y por la poesía de las cosas lejanas, piensan en los ideales muertos y en ellos buscan la luz de la vida, sin pensar que sobre los muertos solo alumbran las lámparas de los devotos y el trémulo resplandor de los fuegos fatuos.

En el extremo opuesto, los que al vago mariposear de sus mentes ciegan ante la luz fuerte, y quemarían las alas de la patria en llamaradas gigantescas y fascinadoras, engañados por sus ansias de vida luminosa. Y todos, enemigos de las tinieblas, afanosos de luz, espíritus sanos y fuertes, pero indecisos en seguir la estrella solitaria que para ellos ya no marca rumbos, ni despide los destellos que habían de dar luz a los paisajes soñados de la Arcadia Tropical.

Acaso sea por los movimientos políticos, acaso por motivaciones de índole económica, quizás causas históricas y remotas; pero el carácter cubano se va debilitando. Al nacionalizar nuestras instituciones, no hemos conseguido nacionalizar nuestro espíritu. La fortaleza moral de aquellas generaciones que precedieron a la presente, va faltando en nuestros días, y sobre la fe cívica y sobre la esperanza cubana de las noches lúgubres de la lucha, no brilla con la intensidad con que brillar debiera la luz del día triunfal, la del Sol de la libertad. Buscamos fuera de nosotros mismos la columna de fuego que nos guíe por el desierto de nuestras incrédulas mentalidades, no sabemos que la luz del ideal han de encontrarla los pueblos en el resplandor de sus propias concepciones.

Pocos son ya en Cuba los que dirigen sus pasos por el brillo de los poetas que fueron, por el flamear de nuestros prosistas y oradores fenecidos, por el centelleo de *los soles de Bolívar* y de las estrellas libertadoras, por la hoguera misma de la tradición heroica y santamente revolucionaria; menos que todos, los pensadores, entre los cuales bien pocos buscan para sus ideas la lumbre del hogar criollo, el chisporroteo de nuestras pasiones al arder como cañaverales, y la llama azul de las leyendas que vagan sin reposo, en pena, por los campos de Cuba en busca de creyentes y de sacerdotes.

Y sin embargo, a buen seguro que los escritores son los más obligados a emprender la rectificación del camino, a volver a la vereda genuinamente cubana, ondulosa, pero segura, para ir hacia el futuro despreciando los espejismos que nos harían desandar lo andado y los atajos que no podríamos salvar sino al borde riesgoso del barranco.

Es ya un deber nacional, un deber colectivo —y un deber particular de cada cubano—, meditar un rato en el hogar tranquilo y honesto, junto a esposas hijas de las patriotas madres de antaño, y frente a pequeñuelos, que al porvenir llegarán sin patria feliz si nosotros no les trasmitimos el fuego sagrado que ardía en el pecho de nuestros antepasados. Una hora de examen de conciencia que hiciera cada cubano, bastaría para asegurar a nuestros hijos la perduración de la fe, la estabilidad del alma cubana.

A los que en la prensa o en la tribuna se acercan más al pueblo y le hablan y le sugestionan, la cubanización de sus energías y enseñanzas es doble deber y es noble egoísmo. Es la doble obligación que los aferra como ciudadanos y como pastores, es el egoísmo de quien trabaja sabedor de la recompensa segura. Y este último es un aspecto de la labor literaria, que está casi del todo olvidado, por desgracia nuestra.

Nuestra literatura presente peca también de indecisa, carece de los ideales y de los tonos característicos del siglo pasado, y con harta y lastimosa frecuencia, so pretexto de vivir vida moderna y culta, olvidamos los clásicos, tan gratos a nuestros abuelos, y salimos del ambiente cubano que para ellos fue el crisol de sus glorias. Nuestros cuentistas y poetas suelen beber en la corriente de esa literatura cosmopolita y sin carácter para nosotros, propia tan solo de centros donde el cosmopolitismo puede ser precisamente su característica. Ya parece que es cursi cantar a los palmares y ridículo hablar de «guajiros» y de hamacas. Preferimos el «fru» «fru» de la seda importada y el perfume de flores exóticas que no conocemos.

Y sin embargo, los únicos pensadores cubanos cuya fama pasó el mar Caribe, afirmaron preferentemente su personalidad no sobre obras cosmopolitas, sino sobre trabajos genuinamente cubanos. Saco, el gran Saco, dedicó su vida entera a Cuba y sus problemas; la redacción de su misma historia de la esclavitud, a pesar de su carácter universal, era en su época dar páginas a la historia cubana. Arango, por sus escritos cubanos logró honra y prez; Poey y Reinoso debieron su fama científica a su especialización intensa sobre la naturaleza de Cuba. Y así mismo los grandes poetas, como Plácido y Luaces, fueron servidores de la musa del país.

Nuestros cuentistas de mayor crédito como Suárez o José Victoriano Betancourt ¿no fueron dignos costumbristas cubanos?

¿nuestro primer novelista, Cirilo Villaverde, ha tratado quizás asuntos que no fueron criollos? ¿*Cecilia Valdés*, no es hija de la tierra? ¿*Don Pepe* fue algo más que un maestro cubano, pero muy cubano?

Y ese es el secreto de su gloria, el que fue móvil de sus ideas, espíritu de sus obras. Es que sentían hondo, muy hondo, el alma cubana; y quien siente con el corazón de su pueblo y piensa con el cerebro de su patria, tiene fuerzas para sobre el presente y el futuro levantar el señorío de su nombre.

Pero en eso estriba también la fuerza de los pueblos en ser siempre nuevos, pero siendo siempre ellos mismos.

Por eso, cuando llega a mi la noticia de un nuevo esfuerzo periodístico invocando el «Alma Cubana», fruto de gente moza y de juventud pura y sana, alégrame pensar que habrá padres cubanos del porvenir cubano y que se vislumbra para él la honra de una filiación legítima.

Y a los inspiradores de «Alma Cubana» buena ventura y fe.

¡Bienaventurados los cubanos que sean cubanos, porque de ellos será el reino de los cielos!

XXXII. Hojas caídas

El triunfo de la revolución separatista que cambió en nuestra tierra la polarización del ideal político, cambió también el carácter de nuestra prensa periodística.

Antes teníamos grandes órganos de propaganda doctrinal que llevaban a todos los ámbitos del país el evangelio de la buena causa o el encarnizado ataque del adversario, uno y otro en vista siempre de una idealidad que iba más allá de nuestras miserias personales y daba a todos alientos y vida. Hoy, sin la pura idealidad mambisa, la prensa doctrinal no existe en Cuba, los *fondos* resultan, para el gran público, pesados e intolerables, los publicistas pensadores son tildados de *latosos* o de pedantes... los rotativos no son crisoles de altruismos patrióticos, más bien parecen palancas de egoísmos personales.

Buscad entre los heraldos de nuestro periodismo apóstoles como *El Siglo*, como *El Triunfo*, como *El País*. Preguntad por un conde de Pozos Dulces... Murieron todos. No hallaréis quién los recuerde siquiera. Parece que con aquellos papeles hemos hecho infantiles sombreros de dos picos para nuestros flamantes generales; parece que el infortunado conde no es sino un oropelesco personaje de la frívola crónica de salones.

En tanto, ruedan los años, las rotativas lanzan impresos como nunca, las plumas escriben más y más... el cuadro de la patria libre se rasga como si fuese de papel, y el ideal se pierde como pluma en alas del vendaval.

XXXIII. Folklore cubano

A Jesús Castellanos.

De regreso de un viaje veraniego por países de vieja civilización, voy ordenando recuerdos y libros adquiridos.

Entre éstos no son los menos preciados los que a leyendas se refieren. He traídos varios. Unos que se refieren a las mitológicas y poéticas leyendas del Rin, otros a la libre Fráncfort, a la exquisita Múnich, a los ventisqueros bearneses, a los barrancos y cumbres de la Saboya, a los rincones de la misma París y del gigantesco Londres... Hasta en New York he obtenido recopilación de viejas tradiciones del Far West y de Old Virginia y de New York misma, de los tiempos de los knikerbokers e iroqueses. Todo ello sin una dedicación especial a su busca. Y por si no me bastara esto, ya en camino de vuelta a Cuba, pude leer una recientísima colección de leyendas de la vieja México, la capital del virreinato.

En todas partes he observado muy vigoroso el estudio de las tradiciones y de las leyendas, de las costumbres muertas, de las supersticiones de las comadres, del ajuar del lugareño, de los cuentos y juegos infantiles, de los refraneros vulgares, de los consejos de los abuelos, de los vestidos populares, de todo aquello, en fin, que un tiempo fue cristalización de una psicología colectiva y que tiene por tanto el aroma de las flores marchitas y la poesía del romanticismo materializado.

En Amberes, un museo de folklore ofrece sus vitrinas repletas a los curiosos de las costumbres flamencas, como asimismo una amplia sección del *Musée da Cinquatenaire* en Bruselas; así, aunque no de modo tan especial, el museo nacional bávaro de Múnich; y en salones y anaqueles dispersos, una porción de museos arqueológicos. Y, sin embargo, acaso habrá pocas colecciones tan interesantes como la del pequeño museo flamenco para quien guste de estudiar los repliegues más ocultos del alma de un pueblo.

Sí, las colecciones históricas de cuadros célebres, de estatuas clásicas, o de reproducciones arquitectónicas y hasta las mismas de arte arqueológico, que son las más frecuentes, no nos hablan más que de las grandezas pasadas, de cómo interpretaron la belleza y la política los héroes de las civilizaciones extintas; pero no nos dicen los ídolos que adoraron, ni los cuentos que narraron las abuelas a sus nietecitos, ni los juguetes que entretuvieron sus primeros años, ni las supersticiones del pueblo, ni sus cantos, ni su alma, en fin. Los museos suelen ser alcázares para los grandes del arte o de la historia, pero no mansiones de recuerdos populares. Aprenderemos en ellos cuál fue la espada del duque de Alba, cuáles sus instrumentos de tortura, pero no cuál fue la canción del tiempo con que arrullaron su cuna; y en este arrullo hay tanto interés al menos y tanto valor para la historia de un pueblo y su psicología colectiva, como en la hoja de acero toledano o en el potro de un inquisidor.

En todas partes se procura conservar las tradiciones populares y los pequeños recuerdos y objetos de la vida doméstica e íntima de los hogares y de las ciudades antiguas. Los objetos, en los museos; las leyendas, en los libros. Hasta revistas especiales hay en Inglaterra, Estados Unidos, Alemania, Francia, Italia, etc.

En Cuba nada hemos hecho en este sentido. Hace pocos meses he tenido que negarme a redactar un artículo sintético para la *Revista italiana delle Tradizioni Populari* porque carecemos en Cuba de toda documentación a ese respecto. Cirilo Villaverde, Anselmo Suárez, Francisco Calcagno, Esteban Pichardo, Domingo del Monte, Francisco de P. Gelabert, Bachiller y Morales y otros varios figuran entre nuestra rica literatura costumbrista; mas pocos de ellos se han hecho eco de las tradiciones populares cubanas, en relación con las cuales solo pueden encontrarse algún que otro artículo suelto y varias referencias incidentales.

Y las tenemos sin embargo, hilvanadas sobre hechos históricos o fantásticos. Solo falta la tarea de irlas recogiendo y darles forma literaria. Unas de carácter marcadamente indiano, metropolitanas otras y por fin, algunas africanas, darían polícromo carácter a nuestra colección *folklórica*.

Y también tenemos numerosas costumbres que conservar, no ya en nuestra vida, pues por primitivas y anacrónicas han ido, van y deben ir cayendo a los embates de la civilización moderna, sino en nuestros museos y colecciones. La esclavitud sola basta para llenar un salón con cepos, grillos, modelos de barcos negreros y de barracones, *esquifación*, *mazas*, *cáscaras de vaca*, maniquíes de esclavos, mayorales, etc., instrumentos musicales africanos, cocina africana y un sin fin de objetos que por ahí andarán dispersos o perdidos, sin valor y amenazados de pronta y definitiva desaparición. Pero, además, tenemos toda la vida guajira, su indumentaria histórica, sus juegos, sus *carreras de patos*, su *valla de gallos*, sus volantas y quitrines, sus machetes, sus sillas de montar, etc. Las fiestas populares nos ofrecen sus *comparsas*, los *mamarrachos* de Oriente, las *tarascas* y *diablitos* de las antiguas procesiones católicas, etc. El campo es extenso, y nosotros, que difícilmente podremos formar un museo valioso de arte que llame la atención del forastero, podremos sin embargo, con la colaboración de todos, constituir un rico museo de *Folklore*, más que curioso, necesario para los viajeros que a Cuba vienen a visitarnos, y para nosotros mismos los cubanos, que —hay que decirlo— no nos conocemos nada o nos conocemos muy poco.

El museo de *folklore* está ya en formación. No así la recopilación lenta, pero constante, de nuestra literatura *folklórica*. Esta se espera, como un deber que su propia cultura y entusiasmo les impone, de valiosos costumbristas y estudiosos de nuestra arqueología, tales como Bacardí, Pérez Beato, Figarola, Rodríguez García, Alcover y algunos más.

En cuanto a nuestras leyendas y a su redacción literaria, éstas esperan la pluma mágica y castiza de Jesús Castellanos, quien con más tesón y fruto que ninguno de sus contemporáneos ha sabido trabajar en la cantera cubana *de tierra adentro* y sacar a luz bloques de vida criolla, sillares para nuestra psicología colectiva y nuestra ánima nacional.

Esta empresa patriótica y literaria se impone con urgencia, y Castellanos la acometerá.

Manos a la obra, aunque solo sea para sacar del pasado que se esfuma, fe y alientos para el porvenir que se va anunciando.

XXXIV. Las supervivencias africanas en Cuba

La continua e intensa fermentación social verificada en Cuba —fermentación que no ha sido reducida aún a la normalidad—, aparte de otras causas secundarias, ha impedido hasta ahora que los pensadores cubanos se ocupasen de estudiar con rigor científico los componentes étnicos y sociales de nuestro pueblo, y analizar sus características para llegar a una definición justa de su psicología. Obra de tal importancia tardará aún en llevarse a cabo, pues apenas si ha comenzado la necesaria labor preparatoria de acopio de materiales, de monografías y estudios parciales más o menos amplios, de criterios objetivos, referentes a la historia crítica, la política, la economía, la delincuencia, el lenguaje, etc. Y a fe que pocos pueblos civilizados pueden tentar con mayor fuerza al estudioso de la demopsicología; porque no son comunes los países que, como Cuba, sean una copela donde en un tiempo relativamente breve (apenas un siglo) hayan fundido sus psicologías gentes representantes de los cuatro clásicos tipos étnicos: blancos (europeos y sus descendientes), negros (africanos), amarillos (chinos), y cobrizos (yucatecos, sin contar los aborígenes).

De estas razas, la blanca es la básica, pues los habitantes precolombinos sucumbieron bajo el peso de la raza superior y solo dejaron huellas de importancia secundaria, principalmente en el vocabulario criollo (geografía, zoología y botánica).

La raza negra ha influido con bastante intensidad en la determinación de la psicología de nuestra sociedad; y en último lugar, la mongólica.[2]

Indudablemente, una de las primeras labores de los estudios de la nueva generación que avanza, debe ser el análisis preciso, objetivo, sin apasionamientos ni prejuicios, minucioso y documentado de los múltiples elementos que a nuestras costumbres y a nuestro

---

2   La yucateca no ha dejado trazos mencionables. (N. del A.)

carácter nacional ha traído cada raza y de la evolución de cada elemento en particular, relacionado con los demás. Solamente después de obtenido este análisis podrá intentarse con probabilidades de éxito la síntesis psicológica de la sociedad cubana, sin incurrir en el riesgo frecuentísimo, y actualmente fatal en la mayoría de los casos, de tomar como vibración del «alma cubana», la manifestación de un elemento psíquico extraño a nosotros, que no hemos asimilado, y que únicamente por circunstancias históricas tiene o ha tenido eco en nuestro ambiente. Se podrán evitar también esos frecuentes defectos de óptica social, por lo que se ve el nuevo modo de ser de nuestro pueblo a través de un criterio subjetivo, más o menos preconcebido, y se interpretan los sentimientos cubanos, no siempre de mala fe, desde el punto de vista restringido que interesa a un elemento social, como por ejemplo: una agrupación literaria, política, burocrática, femenina, etc., llegando a veces a turbar la serenidad de percepción de toda una clase social basada en la raza, la nacionalidad, el régimen económico, la religión, etc. Los ejemplos de hechos ocurridos y opiniones emitidas, fundados en falsos prejuicios, son frecuentes y no es del caso citarlos.

Un extenso estudio analítico de los componentes de nuestra sociedad y psicología, nos llevaría también a no generalizar demasiado, caso no raro, al referirnos a tales o cuales caracteres que aunque de cierta fijeza no han pasado los límites de un ambiente más o menos delimitado, pero que no es el general de la nación —y sí el particular a este u otro componente— y bajo cierto aspecto, como al blanco guajiro, comerciante o burócrata, nacional o extranjero, al negro libre o esclavo, etc.

Uno de los puntos en que se tropieza a menudo, o, lo que es más frecuente, se deja en la oscuridad, es la determinación de la influencia que los africanos han ejercido en la sociedad cubana y el estudio de sus diversas condiciones sociales y de sus rasgos más salientes. Los escritores no se han ocupado del negro sino desde dos únicos puntos de vista: el económico y el literario. El primero debido a la lucha entre esclavistas y antiesclavistas, que fue en cierta época el eje de la vida pública cubana; el segundo tomando «cosas» de los negros, como tema para artículos y novelas costumbristas, género que alcanzó mucha boga. Pero ni los escritores economistas descendieron a considerar la etnología del negro, fuera de ciertas generalidades, como la aptitud para el trabajo, el ahorro, etc., ni los literatos pasaron de tratar muy superficialmente sus perfiles principales, que excitaban más la observación del blanco. El libro de Bachiller y Morales titulado *Los Negros*, por ejemplo, que por su título parece ser un estudio general de los africanos en Cuba, no es sino un trabajo antiesclavista, seguido de escasas páginas dedicadas a los «cabildos», los «ñáñigos» y los «obis» (que no son cubanos) a veces con cierta precipitación e incoherencia no comunes en el autor de la notable obra «Cuba Primitiva». Otro libro, el de Ferrer de Cauto, que lleva el pomposo y no menos genérico título que sigue: «Los negros en sus diversos estados y condiciones; tales como son, como se supone que son y como deben ser»,[3] tiene aún menor importancia desde este punto de vista. Así mismo, varios artículos de José Victoriano Betancourt y novelas de Cirilo Villaverde (*Cecilia Valdés*) y Calcagno (*Aponte, Uno de tantos, Los Crímenes de Concha*) trataron literariamente de los negros y expusieron tipos y costumbres; pero con frecuencia la fantasía nubló las observaciones positivas y casi siempre superficiales. No digo esto en son de crítica; cada época tiene sus ideales en política, como en literatura, en ciencias, etc., y los autores citados y sus contemporáneos no tuvieron a su alcance los medios y métodos de investigación sociológica hoy difundidos.

3 Nueva York, 1864. Aunque este volumen trate el problema en general, lo cito por sus referencias a Cuba y por haber circulado bastante como expresión de la idea esclavista. (N. del A.)

El estudio positivo del factor negro (como de los demás factores étnicos) en la demopsicología cubana, debe partir de la observación de las supervivencias africanas, que asimiladas en diverso grado pueden descubrirse todavía, o han desaparecido ya bajo los últimos estratos de nuestra civilización. Y de estas supervivencias iniciar la observación ascendente de sus elementos determinantes, aislar los genuinamente africanos de otros de distinta raza, y remontar el estudio hasta precisar la localización ultramarina de aquellos y sus manifestaciones en el ambiente originario.

El campo es vasto y a poco que se observe, se encuentra la levadura africana en muchos de los aspectos de nuestras costumbres y modo de ser, si bien reducida a la proporción, cada día más ínfima, que le corresponde por su primitividad, impuesta en otra época más que por su íntima fuerza de expansión, por el aplastante peso del número.

Africano es el *ñáñigo*, tipo el más curioso de nuestra delincuencia; africana la «brujería», que acaso, debido a su aspecto semi-religioso, es la supervivencia más tenaz; africanos eran los «cabildos», manifestación del carácter localista de los asociados; africanas son algunas características de los bailes usuales; de África se importaron instrumentos musicales, adornos y modas de indumentaria, alimentos y platos de su cocina salvaje, buena parte de nuestro *folklore*, fiestas como las comparsas del histórico *día de reyes* y otras carnavalescas, los *velorios*, ciertas aves como la *gallina guinea*, un influjo predominante en la corrupción sexual, una contribución notable a la jerga popular, etc.

Pero de cada día todas estas demostraciones del alma negra van perdiendo su color típico, se hacen más y más grises por el contacto permanente del alma blanca; muchas de ellas ya han desaparecido por completo. Por esta razón, el trabajo de reunir todas las posibles observaciones positivas en torno al factor negro, en su originalidad africana, debe hacerse pronto. Pasarán una o dos generaciones y las supervivencias que hoy todavía encontramos a cada paso, aparecerán atenuadas, como ya nos resultan borrosas algunas, que aunque importantísimas como los «cabildos», han dejado de ser. Cerrada la trata negrera y rota toda relación de los africanos con su país natal (lo que no sucedió en el Brasil ni en los Estados Unidos), no es probable que nuevas inmigraciones, ni siquiera aislados individuos, del «continente negro» lleguen a nuestras playas y aviven el rescoldo que resta de las primitividades de sus predecesores. Según el último censo de población (1899) solamente quedan en Cuba unos 13.000 africanos, que se extinguirán en los días de nuestros nietos, y con ellos la ya vacilante *ortodoxia* de la psiquis afrocubana.

Importa, pues, repito, para el éxito ulterior de todo estudio sociológico sobre cualquier aspecto genérico de nuestro carácter, de nuestra civilización y de nuestra historia, que se emprenda el trabajo penoso pero fructífero de fijar en el papel las supervivencias africanas actuales, y exhumar las que fueron antes que el transcurso del tiempo las acabe de pulverizar y extravíe su recuerdo; para ofrecer al sociólogo como un museo donde pueda sobre datos y materiales avalorados, establecer la participación que la raza negra ha tomado en la evolución de nuestra sociedad, y completado este conocimiento con el de los otros elementos, definir sociológicamente lo que somos, lo que hemos sido y ayudar a dirigirnos con fundamentos positivos hacia lo que debemos ser.

XXXV. Los negros curros extracto de una conferencia pronunciada en el Ateneo de La Habana

Señoras y señores:

A la solicitud bondadosa para conmigo de compañeros míos tan estimados como Jesús Castellanos y Max Enríquez Ureña, deberéis que la conferencia de esta noche no sea todo lo amena e ilustrada que vosotros tenéis derecho a esperar de la Sociedad de Conferencias y del buen gusto de sus directores, los referidos amigos míos. Mas quisieron éstos torcer su siempre recto y atinado criterio, tantas veces manifestado al brindar esta tribuna a hombres de ideas depuradas y de palabras pulidas, ofreciendo para hoy esta cátedra ateneísta a quien, como yo, sin dotes para tal honor, solo puede servir de piedra de contraste para aquilatar mejor el valimiento de los eminentes conferencistas que me han precedido en noches pasadas y de los que habrán de seguirme en veladas futuras.

Al no poder resistir la generosa demanda de mis amigos, traté de buscar un tema que a la vez pudiera interesar por sí mismo al ilustrado concurso de oyentes habituales a estas fiestas de cultura y no estuviera alejado del radio de mis aficiones y lecturas habituales. Creo haberlo conseguido escogiendo el que ya sabéis: «Los negros curros: su explicación sociológica y su origen histórico.»

Hubo de confirmar mi creencia de que os interesaría el tema, el observar la atención profunda con que esta culta concurrencia escuchó, hace noches, la brillante disertación del hombre de ciencia cubano menos discutido —ya que discutidos lo son todos por nosotros mismos— el doctor Carlos de la Torre, sobre un tema de paleontología, sobre la demostración científica de que Cuba estuvo en edades remotas unida al continente americano.

Sí, aunque esto extrañe a primera vista; porque me dije yo: si ha despertado vivo interés descartando desde luego el muy intenso y natural que por sí mismo despertó la fama justa del conferencista el estudio de los seres fósiles que se descubren en las capas inferiores de la estratificación geológica del suelo cubano, ¿por qué no han de interesar también las observaciones sobre los seres muertos, cuyas huellas hay que descubrir en los estratos ínfimos de la evolución social de Cuba? Si tiene curiosos el *myomorphus cubensis*, ¿no debe tenerlos también el *negro curro*?

Porque, en efecto, el negro curro es un fósil de la sociedad cubana; un ser que ya no existe y hay que cavar hasta el subsuelo social para encontrar sus restos.

Por otra parte, el *negro curro* no ha sido jamás tratado científicamente, como no lo habían sido aquellos *caracoles* de los guajiros de Viñales, de que hablaba el doctor La Torre. El *curro* es hasta ahora un *caracol*, un objeto vulgar que entretuvo solo a los costumbristas.

El *negro curro* —siguió diciendo el doctor Ortiz— formó con el *negro brujo* y el *negro ñáñigo* la trinidad característica del hampa cubana.

¿Pero quiénes fueron los negros curros? Fueron —decía el doctor Ortiz— los matones, los perdonavidas, los majos, los jaques, los «guapos», como hoy diríamos, de la mala vida afrocubana de los comienzos del siglo XIX y de los siglos anteriores.

Y para documentar este concepto, el doctor Ortiz leyó varios párrafos debidos a la pluma de nuestros costumbristas.

Cirilo Villaverde, en su *Cecilia Valdés*, dijo así:

Es el «curro» ni más ni menos que el negro o mulato joven, oriundo del barrio del Manglar o de otros dos o tres de la misma ciudad, matón perdulario, sin oficio ni beneficio, camorrista por índole y por hábito, ladronzuelo de profesión, que se cría en la calle, que vive de la rapiña y que desde su nacimiento parece destinado a la penca, al grillete o a una muerte violenta.

El negro curro fue llamado «del Manglar», según dijo el conferencista, porque en esa parte del barrio de Jesús María tuvieron su principal asiento, hasta que se incendió, si bien extendiéndose por todo este último barrio y por el Horcón y Carraguao. En Jesús María fue célebre una bodega llamada del *Cangrejo*, en la calle de San Nicolás esquina a Esperanza, porque en ella solían reunirse los curros, y frente a ella *viraron muchos cangrejos*; es decir, *mataron muchos hombres*.

Al matón entre los matones lo llamaban *cheche* o *chévere*, voces derivadas de otras de la lengua africana de los yorubas, hablada por los lucumís.

Pasó después el doctor Ortiz de esta observación etimológica, a la exposición de los caracteres del negro curro, agrupándolos bajo tres aspectos: su vanidad, su jerga y su delincuencia.

Su vanidad era su carácter predominante.

El delincuente curro no ocultaba su condición de tal, antes al contrario, la exhibía siempre, alardeaba de ella, al revés de lo que suele ocurrir con la mayoría de los criminales comunes, los cuales, aun cuando vanidosos, tratan de disimular su condición antisocial, adoptando por una especie de procedimiento que los biólogos llaman «mimetismo», los caracteres propios del ambiente en que viven, para pasar inadvertidos y seguir tranquilamente su vida parasitaria.

La indumentaria del curro demuestra palpablemente —según el doctor Ortiz— esa exacerbación de su vanidad, pues es llamativa, ostentosa, exhibicionista, en fin.

Aquí el conferencista volvió a justificar sus opiniones con la sólida base que le prestaron los escritos de esos mismos publicistas cubanos.

Así habla, por ejemplo, del vestido curro J. V. Betancourt:

Los curros tenían una fisonomía peculiar, y bastaba verles para clasificarlos como tales: sus largos mechones de pasas trenzadas, cayéndoles sobre el rostro y cuello, a manera de mancaperros (llámase así a un reptil negro y cubierto de escamas, por cuya figura y tamaño tiene alguna semejanza con los mechones de que habla el articulista), sus dientes cortados a la usanza carabalí, las camisas de escobilla bordada de *candeleros* (especie o forma de bordado), sus calzones blancos casi siempre o de listados de colores, angostos por la cintura y anchísimos de piernas, el zapato de cañamazo, de corte bajo con hebillas de plata, la chupa de olancitos cortos y puntiagudos faldones, el sombrero de copa afarolado, con luengas, colgantes y negras borlas de seda, y las gruesas argollas de oro, que llevan en las orejas, de donde cuelgan corazones y candados del mismo metal. Conócesele además, por el modo de andar, como si fueran de goznes, y meneando los brazos adelante y atrás; por la inflexión singular que dan a su voz, por su locución viciosa, y, en fin, por el idioma particular que hablan, tan «físico» y disparatado, que a veces no se les entiende tales eran los curros del Manglar.

De todos y de cada uno de esos caracteres, asegura el doctor Ortiz que puede demostrar su origen africano o andaluz, habiéndose detenido solo, aunque brevemente, en el significado psicológico del uso y abuso del pañuelo por los curros, como hacían los elegantes de las costas del Senegal, de la Gambia, de la Costa de Oro y hasta del Congo.

Habló también el doctor Ortiz del uso de la «chancleta», la cual tiene también —aunque parezca inverosímil— su filosofía. La chancleta es característica de los curros, como lo fue de todos los petimetres del Occidente africano, y los habitantes de esas regiones la adoptaron como transacción entre el deseo vivo de usar el calzado de los europeos —que en algunos países solo podían usar los reyes y feticheros— y la incomodidad de su uso para quienes no han aprendido desde niños a acomodar sus pies dentro de esos forros de piel y cuero, que llamamos zapatos. Por otra parte, el ruido de la chancleta decidió su adopción por los elegantes, por cuanto ese *chancleteo* especial constituye por sí un anuncio del uso del calzado, un arma más de la exhibición y el lujo, como esas gentes lo conciben; al igual que los campesinos gustan de usar zapatos que chillan para que todo el mundo sepa que aquel día van calzados, etc.

El doctor Ortiz distinguió claramente el negro «curro» del «ñáñigo», diciendo que éste tuvo un origen político eminentemente civilizador, aunque se crea lo contrario y separó así mismo al «negro curro» del «brujo», explicando cómo este último, cuando no era hechicero y se limitaba a ser sacerdote de un culto africano, no caía por lo común en la criminalidad, aun cuando siguiera manteniendo una religión atrasada que aun vive entre nosotros en la actualidad, refiriendo cómo en la tarde anterior —el domingo 12 de febrero— había tenido el gusto de asistir a una fiesta religiosa del culto lucumí, celebrado en La Habana, a cuya fiesta, que era inocente del todo, asistió acompañado de dos compañeros suyos de la Universidad y de dos ilustrados amigos que ocupan elevado puesto en el gobierno y la magistratura.

A continuación trató el doctor Ortiz someramente de la jerga o lenguaje especial de los «curros», diciendo cómo no era preferentemente defensiva, es decir, no tendía a ocultar el sentimiento de la frase o la intención del pensamiento; antes el contrario, era también exhibicionista, hija de la vanidad.

Como ejemplo, leyó el conferencista unos versos de J. B. Betancourt, imitando el habla de los curros.

El cambio característico de la «r» y de la «e», finales de sílabas, en «i», puede provenir del África, ya que en todos los muchos lenguajes del Occidente africano estudiados por el doctor Ortiz, no existe la «i» con ese uso.

Pero la jerga afectaba a veces formas propiamente jergales, en el sentido que a ese concepto dan Biondelli, Nicéforo y otros. Así como ejemplo, al dinero lo llamaban «mejengue», a la riña le decían «jelengue», palabras ambas de posible origen de la picaresca andaluza. Y hasta palabras había que eran de origen gitano, cosa curiosa, como, por ejemplo, una palabra que ha llegado hasta nuestros días significando gracia o donaire femeninos, cual es el vocablo del vulgo «giribilla» que es derivación de la voz gitana «giribí» de igual significado.

La criminalidad del negro curro no era especial. No era aquél asesino, ladrón, ni estafador característicamente, pero lo era todo.

Era un parásito de la sociedad cubana, que no vacilaba ante el crimen; era un guapo que vivía de la guapería, cosa que, después de todo, no es rara tampoco en la época que corremos.

El doctor Ortiz explicó cómo era propio del curro el uso constante del puñal en la mano, oculto por el pañuelo, usando a veces el puñal de aguja, es decir, derivado del pez llamado aguja del paladar, de origen siboney; y el cuchillo de cachas amarillas, cuyo origen se encuentra en la Sevilla del siglo XVI como puede verse en la gloriosa literatura picaresca española.

Mas lo bien curioso de la criminosidad del negro curro estaba en que no solo fue tolerada, sino que apoyada y protegida. Y el doctor Ortiz, para que no se le juzgara apasionado, leyó otros párrafos que plenamente demuestran lo acertado de su afirmación.

Hasta un capitán general de Cuba es testigo de esa verdad.

Así escribió Francisco Dionisia Vives, en 1832:

... No todos los libertados son peligrosos en igual grado. Hay unos que pueden considerarse nocivos directamente y otros por incidencia...

Los comprendidos en la primera clase son los libertos nacidos en el país, que se llaman criollos, que si no son con verdadera intención, al menos con su estólida perversidad se hacen sospechosos. Una gran parte de ellos viven sumergidos en los vicios; tienen malas costumbres, se hallan con todas las disposiciones para lanzarse en la carrera del crimen.

... Las familias blancas de influjo ostentan la protección y patrocinio que les dispensan, ya porque sus madres lactaron a los hijos de aquellos, ya por miedo, o ya, en fin, por relaciones menos disculpables. Resulta de aquí que se empeñan en burlar la vigilancia del Gobierno, que redimen a sus clientes del castigo, y alimentando la impunidad, aumentan la osadía del delincuente.

El doctor Ortiz siguió después hablando de la corrupción de la colonia de aquellos comienzos del siglo XIX, tan bien pintada por el propio famoso general Tacón, que fustigó la villana conducta de sus antecesores. Todo estaba podrido. Así, por ejemplo, el ejército estaba formado casi exclusivamente de presidiarios que España lanzaba sobre Cuba. De la bandera de Cádiz y solamente para el regimiento de La Habana —según decía Tacón— en tres años habían venido como soldados unos 800 criminales, casi todos de Ceuta. Y el conferencista citaba el caso del robo del cuantioso tesoro de la colonia a principios del siglo XIX, en la misma Tesorería, Mercaderes número 2, que estaba a cargo del marqués de Argos. Pues bien, la Caja fue robada con el tesoro contenido, y lo curioso fue que los ladrones fueron precisamente los soldados encargados de su custodia. Y recordó también la política corrompida y corruptora del general Vives, aludiendo a la cual fue fijado un pasquín, dirigido a su sucesor, en el que se le amenazaba si refrenaba los vicios, diciéndole en cambio: *¡Si vives como Vives, vivirás!*

Pintada la criminalidad del curro y el ambiente criminoso de la época, que justificaba la permanencia de ese tipo del hampa afrocubana, el doctor Ortiz trató del origen histórico del negro curro.

Ya este vocablo parece iniciar su origen andaluz, ya que entre nosotros y en algunas regiones españolas, *curro* y *andaluz* son voces sinónimas.

Y no es de extrañar que el negro curro sea de origen andaluz cuando los caracteres básicos de la sociedad cubana, los buenos y los malos, provienen de la hermosa Andalucía. Hasta que no vino un solo barco a Cuba que no fuese fletado en puerto andaluz, en Sevilla especialmente, ya que una Cédula de los Reyes católicos reservó, a raíz del descubrimiento, el monopolio del comercio hispano con las colonias al puerto de Sevilla.

En aquella época del siglo XVI pudieron decir con razón los sevillanos: ¡quién no vio a Sevilla, no vio maravilla! La urbe hispalense nadaba en riquezas, en una verdadera opulencia, merced al oro americano, a ese mismo oro que, tiempo después, hacía exclamar a un gran pensador gallego: *¡el oro de América nos tiene empobrecidos!*

Y con el acrecentamiento de la riqueza, vino el de la ilustración que en Sevilla fue esplendorosa, y el de la picardía, que en esa ciudad fue también muy notable, como población al fin muy populosa, tan notable que bastó para inspirar toda una famosísima literatura, la picaresca, propia y exclusiva del genio español. Hasta el mismo Cervantes colaboró en ella con su *Rinconete y Cortadillo* y otras novelas y piezas de teatro.

De lo que fue la corrupción sevillana dan clara idea unos versos leídos por el doctor Ortiz y debidos a un literato español, justamente célebre, a Gutiérrez de Cetina.

De esta mala vida sevillana y de su famosa hampa (*hampa* es de origen andaluz) se destacaba una nota muy característica, cual es la de la valentía, la de la *guapería*, como diríamos hoy los cubanos.

Esta fue también demostrada por el doctor Ortiz con varias citas.

Hubo matones o guapos famosos, cuyos nombres nos ha legado la literatura picaresca y las crónicas locales andaluzas. Pero no se crea que éstos son solo de clases humildes; caballeros ilustres hubo que a gloria tuvieron llamarse «pícaros» y conducirse como tales.

Todavía hoy se conservan los nombres de don Alonso de Bracamonte, de don Fernando de Toledo, de don Pedro Téllez, tercer duque de Osuna, etc. etc. Eran aquellos los días en que asombraba a Sevilla el gran canalla Don Juan Tenorio, personificación legendaria y popular de la picardía caballeresca sevillana del siglo XVI.

Pero el doctor Ortiz fue poco a poco estrechando el campo de sus observaciones, llegando a probar cómo en Sevilla hubo muchos negros, más que en las colonias, en esos días remotos del siglo XIV, probado entre otros documentos de que hacemos caso omiso, por este trozo del Don Quijote.

Quejábase Sancho a la Princesa Micomicona, del reino usurpado en Guinea, y decía Cervantes:

Solo le daba pesadumbre pensar que aquel reino era en tierra de negros, y que la gente que por sus vasallos le diesen, habían de ser todos negros; por lo cual hizo luego en su imaginación un buen remedio, y díjose a sí mismo: ¿Qué se me da a mí que mis vasallos sean negros? ¿Habrá más que cargar con ellos y traerlos a España, donde los podré vender, y a donde me los pagarán de contado, de cuyo dinero podré comprar algún título o algún oficio con que vivir descansado todos los días de mi vida? No, sino dormíos, y no tengáis ingenio ni habilidad para disponer de las cosas, y para vender treinta o diez mil vasallos en dácame esas pajas; por Dios que los he de volar chico con grande, o como pudiere, y que por negros que sean los he de volver blancos o amarillos.

El doctor Ortiz logró demostrar que los negros existieron en Sevilla un siglo antes del descubrimiento de América y hasta convencer de que los cabildos africanos, que se creen cubanos, existieron en Sevilla en 1401, nada menos; que allí hubo «mayorales» antes que hubiera Américas; que allí hubo cofradías de negros, como las que aquí en La Habana fundaron la iglesia del Espíritu Santo, etc., etc.

Pero todavía el doctor Ortiz tuvo la fortuna de poder concentrar más y más su observación positivista, llegando a descubrir en medio de la balumba inmensa de la literatura picaresca y de las crónicas sevillanas, hasta el nombre de dos curros andaluces de color.

El uno, *Afanador de Utrera*, y el otro, *Domingo el Tiznado*, el cual mereció tanta fama que lo cita *El Gran Tacaño* y hasta don Francisco de Quevedo, el gran humorista español, en una de sus jácaras, en la cual, ridiculizando la fama matonesca del Tiznado (apodo que éste debía a su color) y el oficio de panadero que éste tenía, escribió así:

> Con las manos en la masa
> Está Domingo Tiznado
> Haciendo tumbas a moscas
> En los pasteles de a cuatro.

En resumen, pues, el *negro curro del Manglar* fue una derivación de esa guapería sevillana trasladada a Indias y filtrada a través de una psicología primitiva e impulsiva africana; producto de ese matonismo al cual se entregó viciosamente la flor y nata de la caballería sevillana del siglo XVI.

En ese sentido, el doctor Ortiz pudo condensar su pensamiento acerca del negro curro de La Habana en esta frase: «El negro curro del Manglar jué un nieto bastardo de Don Juan Tenorio».

Antes de terminar el doctor Ortiz, quiso anticiparse a una crítica que él estimó posible.

Antes de terminar —dijo— pediré perdón a aquellos de mis oyentes que quieran reprocharme el haber tratado de una llaga de nuestra sociedad. Sé que hay quien opina que el silencio de los males cubanos es patriótico.

Mas soy yo de los que creen que no es obra de buen sentido patrio aquella obra que se inspire en la hipocresía, en ocultar la llaga.

Al contrario, estimo que este estudio es indispensable para poder aportar con virilidad el remedio, para poder usar con ciencia y corazón del cauterio o del bisturí.

Tanto más necesario es el estudio de las lacerías patrias y éste de la guapería, cuando hoy sigue la guapería asomando su faz apicarada en la sociedad actual, llegando a penetrar en el campo que debía ser sagrado de la política.

Cuando ya no se usa el puñal al brazo, pero sí el revolver al bolsillo; cuando estamos lamentando dolorosas escenas de prepotencia y de guapería política, así entre los tirios como entre los troyanos; cuando hemos llegado a un estado tal de fiebre y de crisis en que se llega a proponer, como medida salvadora para Cuba, la suspensión de la vida política civilizada, la maldición de la democracia y el advenimiento de la dictadura, que por mucho que se la disfrace, no puede significar otra cosa que la apoteosis del matonismo, el Gobierno de Cuba en manos de un «guapo» (que a título de «guapo» tan solo, podría ser dictador) y el porvenir de la patria amada dejado al arbitrio de quien fuese capaz de someter a su pueblo a la ley de la fuerza brutal, que constituía precisamente la característica psicológica del *negro curro* del Manglar; no creo que sea del todo inoportuno estudiar y conocer cómo esa *guapería* nos alucina a nosotros como alucinó a nuestros antepasados los españoles y sobrevive insepulta y fétida a un lado y a otro del Atlántico; cómo ese matonismo vergonzoso cristalizó en los siglos pasados y cómo en él podemos hallar raíces inequívocas de fenómenos sociales contemporáneos que solamente con tal estudio podemos llegar a explicarnos.

Mas si así no fuese, si yo estuviese equivocado, siempre podría al fin disculparme de haber ofendido a la patria mía, diciéndole lo que dirigiéndose a la misma escribiera uno de nuestros primeros historiadores, Félix M. de Arrate, al terminar su historia:

... Pues si tanto hijo tuyo sabio y fuerte
en las palabras de Minerva y Marte,
te acredita y exalta, bien se advierte
que donde han sido tantos a ilustrarte
no he de bastar yo solo a oscurecerle.
HE TERMINADO.

XXXVI. Más partidos políticos

¿Es antipatriótica la existencia en Cuba de más partidos políticos
que los dos ya existentes?

Apenas se anunció la aparición de un nuevo germen de organización política, tan pronto como se sintieron los primeros vagidos
de asociaciones políticas distintas de las conservadoras y liberales,
levantóse densa polvareda de imprecaciones contra los iniciadores,
y la propaganda de Estenoz, la orientación del llamado partido
popular y la proyectada resurrección del *moderantismo* fueron sin
distinción tachadas de antipatrióticas, de perjudiciales a la marcha
del Estado cubano.

No creemos que pueda sostenerse ese cerrado criterio en materia tan amplia como la lucha de los intereses que integran la economía nacional y juzgamos que debe prevenirse al pueblo contra el
prejuicio de que a un Estado cualquiera y especialmente a nuestra
república, solo conviene la existencia de dos partidos, de dos puntos de vista en la dirección política.

¿Por qué? ¿Es que la vida toda no presenta más que un anverso
y un reverso? ¿Es que forzosamente hay que pensar como avanza-
do, liberal, radical, progresista, demócrata, o como un moderado,
conservador, estatista reaccionario? ¿No hay en la política, como
en las fases de la vida entera, tonalidades infinitas?

¿Estamos aun en la edad de los Capuletos y Montescos, de los
Güelfos y Gibelinos?

No amparamos esas novísimas concentraciones políticas, antes
al contrario, algunos de sus matices merecerían nuestras censuras;
pero privarlas del sentido patriótico, proscribirlas, negarles el pan
y el agua, más parece recelo por posibles rivalidades y competen-
cias que actitud democrática y levantada.

Lo reprochable sería que esos banderines políticos vinieran a
reclutar gente entusiasta no con ideas ni rectificaciones o amplia-

ciones de programas, sino como convergencias de intereses personales sin significación política ajena a la más o menos prestigiosa de un nombre o de una personalidad. En ese sentido será censurable acerbamente toda tentativa de resucitar entre nosotros esos raquíticos grupos políticos, que ya ha padecido nuestra patria, que resurgen siempre con formas nuevas y con reforzados afeites en la ebullición que precede a todo período electoral, que jamás han servido sino como puente sobre la opinión pública para facilitar una deserción y el pase al enemigo triunfante, para la pesca a río revuelto y a veces —¿por qué no decirlo?— hasta para tratar de inmunizar bajo el carácter de asociaciones políticas, círculos poco... respetables.

Pero esto no puede impedir que lejos de inspirarnos críticas agresivas, aplaudamos sin reserva toda concentración de vocaciones, toda reunión de intereses que despliegue bandera de ideas puras, aun cuando a éstas las creamos erróneas, aun cuando las creamos imperfectas, aun cuando lleguemos a tacharlas de suicidas, porque todos los ideales, siendo fuerza de ideas, aun las morbosas y suicidas son siempre menos dañosas y nos alejan más de la disolución social que las campañas incoloras, extenuantes y estériles de las agrupaciones solamente personales que acostumbramos, que por serlo, aun cuando potentísimas y aun peor si victoriosas, llevan consigo el estigma del favoritismo, la seguridad de la atrofia nacional y el hálito de la muerte.

Acostumbrémonos a medir el mérito, sino la fuerza de los partidos, no por los hombres que lo integran sino por las ideas que los animan y por los credos que difunden. Un manípulo de creyentes altruistas puede y vale más que una legión de escépticos a quienes solo mueve la esperanza del botín.

Abandonemos el prejuicio mortal del turno cerrado de dos partidos, que va pasando ya a la historia y observemos cómo en todas partes, en Francia como en Inglaterra, en Alemania como en los mismos Estados Unidos, la opinión pública se depura y precipita en numerosos crisoles; cómo los gobiernos no son ya, y cada día menos, cristalizaciones de partidos cerrados, sino más bien combinaciones armónicas de partidos distintos, confundidos para el esfuerzo de una idea o de un programa parcialmente común. Así se logra quitar a la vida pública la rigidez artificial de los unilateralismos y se le da la plasticidad y la policronía de la vida entera.

No nos asustaría ciertamente ver en Cuba partidos socialistas, clericales, semitas, militaristas, federalistas, laboristas, hasta racistas, hasta monárquicos... hasta ver resucitado el integrismo español y propagar la reincorporación a España, siempre que no fueran sino ideales, buenos o malos, santos o satánicos, pero siempre ideales. Los unos servirían para inyectar vida nueva en nuestra anémica circulación política... los otros, aun cuando temibles, servirían de algo: de revulsivos para la expulsión del tóxico nacional, de estímulo al fermento antídoto y salvador.

El peligro grave no está en los partidos múltiples que aspiran a la verdad, ni en los que tiendan al error siquiera; está en el personalismo político proteiforme que heredamos de la metrópoli, porque el personalismo en la política, no es ni verdad ni error; o no es nada, o, peor que todo, es casi siempre la mentira.

XXXVII. Las dos barajas

Un colega español, nacido después de los días tristes de la colonia y, por tanto, libre de todo resabio directamente colonial, redactado por españoles nuevos, llegados a Cuba en pleno siglo XX, nos invita a que aclaremos nuestros puntos de vista respecto a la conducta que deben seguir lo españoles en Cuba.

No creemos que necesiten aclaración conceptos nuestros repetidos una y otra vez, mas como no nos duelen prendas, hablemos una vez más de la actitud que es un deber y una conveniencia para los españoles inmigrados y para todos los extranjeros en general.

De la actitud política y de la pública, se entiende, porque son las únicas que pueden y deben interesar a los cubanos.

Y empecemos por fijar el primer deber de los extranjeros, españoles, americanos, alemanes, chinos, que aquí conviven con nosotros y quieren mantener con la sociedad cubana la correcta conducta que aconsejan de consuno el interés de todos y la propia educación cívica.

El extranjero en América, dada la especial condición económica y social que aquí obtiene, puede seguir dos caminos, igualmente rectos, dignos y nobles: sumarse a nosotros, asimilarse la civilización y la vida americana, haciéndose leal y sincero copartícipe de nuestras alegrías, penas y afanes; o mantenerse, por lo que a la vida pública se refiere, absolutamente retraído y apartado de ella.

Puede el extranjero, de acuerdo con su espíritu, y hasta con sus elevadas y nobles conveniencias —que el egoísmo puede ser santo y digno— adoptar la directriz que más le cuadre; nadie podrá recriminárselo, ni motejado por eso con razón.

Si sus actividades se inclinan de manera irrefrenable a seguir de cerca los vaivenes de la patria nativa y a trabajar por ella y a servir toda su vida, el extranjero obtendrá todas nuestras simpatías.

Si por circunstancias diversas y respetables (familia, arraigo o ideales) el extranjero se siente no ya dispuesto a romper sus lazos afectivos con sus compatriotas de allende el mar, ni siquiera a perder los nostálgicos recuerdos y cariños del lugarejo, sino a desligarse en absoluto de su carácter político nacional, a abandonar por siempre sin esfuerzo y sin recelo el nexo moral y político que lo enlaza a las venturas o a las desgracias políticamente nacionales del país de origen, para abrazar nuestra bandera, la bandera nacionalista de Cuba —que izaron los cubanos ayudados por tantos y tantos extranjeros, desde Ramón Pintó hasta Carlos Roloff, desde Máximo Gómez hasta Orestes Ferrara—, bienvenidos sean al hogar cubano, que nuestra patria, por ser libre y moderna y americana, jamás negará la hospitalidad al hombre que sea también libre, moderno y de americana idealidad.

Mas, en uno u otro camino, el extranjero debe cumplir en todo tiempo el más elemental de los deberes, el de la sinceridad de su conducta, el de la fe y pureza de su patriotismo.

Querer ser español o francés o cubano, es igualmente respetable y honrado; pero sentirse hondamente español y renegar de su patria para mezclarse en la vida política de una nación americana no solo es una traición para una patria digna de amores como España; sino una incorrección para la patria americana no menos honrada y merecedora del cariño leal de sus ciudadanos.

Y junto con este deber fundamental, otros varios irán surgiendo en estas páginas, bien precisos, definidos y claros para lectura de los que quieran echar sobre nuestras ideas la negrura de la confusión, cuando no las de la falsedad.

Y ahora, dígasenos ¿no resulta cierto en Cuba lo que de la Argentina decía poco ha el profesor E. Ferri cuando aludía a la frecuencia con que los extranjeros se naturalizan en América para «realizar una comedia indigna de su conciencia, para ofrecer al mejor postor su derecho electoral»? ¿Sería acaso difícil citar en

Cuba centenares de casos de extranjeros renegados por la sola perspectiva de un cargo público retribuido?

¿No podría recordarse sin dificultad el nombre de esos jugadores de dos barajas?

¿No ha publicado poco ha la prensa que hasta de Triscornia, de nuestro depósito de inmigrantes, se sacaban partidas de extranjeros recién arribados, para nacionalizarlos a toda prisa merced a fraude bochornoso y hacerlos servir de comparsas en la comedia electoral?

¿Y no hay también extranjeros afincados entre nosotros, nacionalizados en Cuba, arraigados aquí por vínculos familiares, que a pesar de haber cubanizado su carta de ciudadanía, sacan a relucir a todo instante su natividad española y se insultan cuando consideramos los cubanos de nacimiento qué tales o cuales intereses españoles están en pugna con los cubanos, o cuando partiendo de esa base combatimos movimientos y actitudes de la política española cuando se entrega a sus teorías de americanismo egoísta?

Pues contra esos desleales, contra los que en el tapete americano juegan con dos barajas, vayan nuestros ataques; contra los extranjeros que se entrometen en nuestra vida pública, sin fe y sin amor.

Pero se dirá que los cubanos carecen de esa fe y de ese afecto. Supongámoslo, sea, si así se quiere, y ¡mal haya el que practique el desamor patrio! Pero recuérdese que los delitos domésticos tienen atenuación en los códigos de penas. Y, sobre todo, que el nacional que traicione a su patria en lo político engaña a un pueblo; pero el que vende su nacionalidad, engaña a dos.

Juegue cada cual con sus propias cartas y haga cada cual su propio juego. Hacer lo contrario es trocar la honradez de un placer por la repugnancia de una tahurería.

XXXVIII. Eco de Buenos Aires

Entre el sinnúmero de europeos, más o menos ilustres que han venido a las Américas, alguno ha habido que, apartándose de la dirección reclamen te monetaria, o elevándose sobre ella, y dejando a un lado las posturas teatrales de los petulantes o de los patrioteros, nos han dado lecciones de hondo civismo a los habitantes e hijos de estas Américas, descubiertas por Colón y colonizadas por España.

Entre otros «conferencistas» provechosos, «nutridores» de ideales (para distinguirlos de los parasitarios), se cuenta uno de los genios de la sociología moderna: el pensador italiano Enrique Ferri.

A nosotros llega una de sus conferencias pronunciada en la Argentina, el 16 de septiembre de 1910, en el teatro «Odeón» de Buenos Aires. La conferencia se titula «La educación moral y cívica del pueblo argentino», y su título basta para inspirar el mayor interés, sabiendo que ese tema, en boca de Ferri, ha de inspirar originales y positivas observaciones como las que han dado fama universal al sociólogo italiano.

Para los cubanos, el discurso de Ferri tiene también el vivo interés que puede suponerse, no olvidando las muchas afinidades que, entre distinciones de bulto, ofrecen al observador la sociedad argentina y ésta antillana.

No creemos, pues, que sea inútil a nuestros lectores el conocimiento de los principales pensamientos de Ferri acerca del importante objeto de su estudio referido, y nos proponemos analizarlo para que aprovechen al pueblo cubano las enseñanzas que allá en las tierras del Sur prodiga el gran maestro europeo.

Mas antes de que expongamos esa labor educativa, séanos permitido prevenir al lector contra un prejuicio natural en Cuba, donde los conferencistas europeos que aquí han venido, salvo algunos muy contados, solo han querido canalizar el agua para su molino, con fines extraordinariamente egoístas; con egoísmo santo unas veces, es cierto, mas con egoísmo impuro y arañador las más de ellas.

Los conferencistas que a Cuba han llegado con mayor o menor reclamo y voladura de cohetes y relumbrón de bengalas y oropel, han venido, por lo general, a pedir dinero o a pedir afectos o ideas para una obra más o menos plausible.

Pero, en cambio, nada nos han dejado, y cuando más se han alejado de su objetivo egoísta e interesado, no han podido hacernos otro regalo que hablarnos de sus cosas, de las de su tierra y de las glorias de sus antepasados, pero ninguno ha sabido llegar hasta nuestros problemas e interesarse en ellos «desinteresadamente» (si así puede decirse) y proyectar sobre nuestra vida el haz poderoso de una cerebración fuertemente organizada. Verdad es que tampoco han venido hombres de talento genial y de prestigios mundiales; pero los que han venido solo han tratado los problemas americanos para disparatar sobre ellos o para emborracharnos con mentidas adulaciones o para arrastrarnos a sus conclusiones de finalidad ultramarina.

Especialmente los españoles, que por su mayor aproximación histórica (ya que la comunidad de historia es poco menos que una de tantas mentiras convencionales del panhispanismo), estaban o debían estar más capacitados para interpretar nuestros problemas, no los han considerado jamás sino desde el exclusivista punto de mira español.

Por esto, principalmente, los conferencistas, o «embajadores intelectuales», como se ha dado en llamarles con rimbombante retórica, nada nos han dado, ni consejos siquiera adaptables a nuestro ambiente o idealidad nacional. En cambio, allá en la Argentina, Clemenceau dio lecciones de democracia y ahora Ferri arrostra el tema de la educación suramericana con la tranquilidad de conciencia de quien, sabedor de su prodigiosa fuerza intelectual, puede presentarse al pueblo argentino sin prejuicios, ni egoísmos disimulados, y sin el lente de una finalidad personal, más o menos sentida, pero, que por el hecho de serlo algo, ha de ofrecer la curvatura suficiente para alterar la imagen de las cosas y presentarlas como no son.

Ferri fue a Buenos Aires, como hombre de ciencia, a exponer las ideas que el pueblo argentino le pedía. No fue a conquistar a nadie. No fue a explotar el patriotismo de sus conciudadanos. No hizo política italiana, en el sentido, al menos, en que aquí se hizo política española. Y hasta, como para que sirvieran sus palabras de contraste —como servían ya hechos— con la misión y conducta de las campañas de «reconquista» preconizadas por otros, el propio Ferri, con todo el peso de su autoridad, declaró rotundamente en la conferencia que hoy citamos, que el libro titulado *La Italia a la conquista de la América Latina*, escrito años ha por un publicista italiano, hizo más daño a Italia que el desastre de una guerra.

Y vea ya el lector cómo esto es bastante para marcar su contraste con los cantores de la comunidad de raza, de lenguaje y de religión y cómo estas campañas de enmascarado egoísmo político solo pueden ser contraproducentes en puebles libres y de base democrática.

Y el éxito de Ferri, de resonancia duradera, demuestra cómo es más fácil identificarse con el alma de un pueblo y seguir sus palpitaciones dándole ideas, cultura y civilización, que hablándole enfáticamente del pasado o agitándole esos fantasmas del imperialismo más o menos absorbente.

Y esto es lo que debía hacer España, traernos cultura, mucha cultura, porque cuando España impere por su cultura y por el genio científico de sus hombres nuevos, entonces, entonces sí, la América entera será verdaderamente española, hasta la que hable inglés, porque en los tiempos que corremos la civilización es la que une a los pueblos, la que mueva las razas, la que rompe los continentes, la que amalgama fieles de religión distinta, la que difunde todos los idiomas, la que da vida, la que da esperanza y porvenir.

Sin civilización intensa y dominante, la raza es una verdadera armadura sin guerrero que la arrastre; el idioma, una boca sin lengua que la anime; la religión, una campana sin badajo.

XXXIX. El dedo en la llaga

Ya hace días hablamos de la conferencia que en Buenos Aires pronunciara poco ha el profesor Enrique Ferri tratando magistralmente varios problemas argentinos, que son análogos a los que presenta nuestro país.

El aspecto más sugestivo de la conferencia, fue el que se refirió a la cuestión de la nacionalización de los inmigrantes extranjeros, cuya urgencia es tan patente que ya ha meritado libros tan cuidados y bien escritos como el del argentino doctor Ricardo Rojas sobre *La restauración de la conciencia nacionalista.*

Ferri, que no fue a la Argentina a hablar de razas, ni de idiomas, ni de ningún ideal con que enyugar para Italia los intereses de estas repúblicas iberoamericanas, fue franco y manifestó lo grave y trascendental de la deformación del espíritu nacional argentino.

Comenzó por reconocer, como no podía menos de suceder dada su genialidad y cultura, la existencia de las razas con el carácter relativo que el concepto etnográfico merece. Y reconoció el valor de la comunidad de lenguaje, si bien negándole la importancia que otros quieren concederle.

Pero en todos los países, como en la Argentina o en Suiza, sobre la raza y la lengua, está y debe estar la conciencia nacional. En la misma Italia —y lo mismo puede decirse de España— grandes masas de individuos están colaborando a la obra política nacional, sin hablar el idioma oficial ni entenderlo, y siendo descendientes de diversos troncos étnicos. El sentido de la nacionalidad es lo que da fuerza y cohesión a los pueblos y lo que le da carácter y razón de ser.

Y sobre esta base pasó Ferri a analizar la conducta de los italianos de la Argentina, donde forman la colonia más numerosa, muchísimo más que la española, y que puede equipararse a la de los españoles en Cuba, donde a su vez son lo más numerosos entre los extranjeros.

Ferri fustigó a sus compatriotas por su extraña conducta de huir de los deberes de la vida política.

Los italianos —decía— y donde él dijo italianos, podemos nosotros decir españoles —permanecen completamente extraños a la República Argentina, puesto que no se naturalizan—. Han muerto para la vida pública en América como en Italia. No concurriendo ni allá ni acá a la tarea de la vida nacional, son nulidades políticas.

Comprendiendo Ferri que no sería honrado para el extranjero inmiscuirse en la política argentina sin cambiar la ciudadanía originaria, dice que el italiano debía cumplir sus deberes o apartándose de su nacionalidad primera y asimilándose los ideales propios de la Argentina, o aun cuando ausente, recordar la vida de la patria lejana y trabajar patrióticamente por ella.

Contó que una vez, allá en el fondo de una provincia argentina, halló un paisano suyo, médico nativo de los Abruzos, el cual, después de trece años de residencia en América se interesaba de tal modo en la vida pública italiana, que le predijo el triunfo de un nuevo candidato a diputado en su distrito nativo. Aquel italiano se había casado con una argentina, tenía hijos argentinos, no tenía el deseo de volver a su aldea, y sin embargo, cuando Ferri le preguntó cómo se llamaba el Intendente o Gobernador de la provincia, no pudo contestarle porque no lo sabía. Pagaba los impuestos, enviaba sus hijos a las Escuelas del Estado y obedecía las leyes; pero no tenía otro ideal político que el de su patria remota.

Y añadió Ferri: ¡Acaso haría yo otro tanto!

Sí, porque a ello me obligaría la disposición de la ley italiana que priva de la nacionalidad a quien acepte la nacionalidad de otro Estado; y puesto en esta alternativa, se comprende fácilmente que el italiano tenga repugnancia a perder la nacionalidad de Italia, gracias al nobilísimo sentimiento que emana precisamente de la conciencia nacional.

Y, he aquí —continuó diciendo aquel hombre superior y sincero— por qué razón los italianos capaces de sentir amor patrio, no se naturalizan en América y por qué, y esto lo digo aun cuando duela al corazón el confesarlo y por ser necesario tratar esa llaga y revelar el mal, los italianos que se han naturalizado en este país, lo han hecho en su mayor parte para realizar un comercio indigno de su conciencia, para ofrecer al mejor pagador su derecho electoral y político.

Ferri no terminó aquí su agudo análisis crítico, aplicable a casi todos los países de la América ibera, y su genio luminosamente positivista proyectóse sobre todas las fases del problema, como habremos de demostrar otro día, ya que la América puede aprender más sentido patriótico y político en esa sola conferencia que en toda la campaña retórica de los predicadores de egoísmos y sembradores de cizaña entre las naciones.

Lo recordado hoy de esa comentada conferencia, basta para apreciar con qué pericia sabe poner Ferri el dedo en la llega, en la llaga que por su futuro bienestar debe someter a rigurosa desinfección la sanidad política de los pueblos americanos.

XL. Sin baza

Si en anterior capítulo establecimos la necesidad nacional y moral de que los inmigrantes definieran una actitud política en Cuba, bien manteniéndose extranjeros y ajenos a nuestra vida pública o nacionalizándose con la fe y el amor a Cuba y no solo con carta de ciudadanía, sigamos viendo cómo entendemos los deberes de esos inmigrantes en una u otra condición política.

El extranjero que llega a América y en ella desarrolla sus actividades y sus energías, pero no pierde ni desea perder su ciudadanía nativa porque su lógico amor por conservarla o su interés personal en ello sean mayores que los estímulos por adquirir la naturaleza americana, debe conducirse en el país de su residencia con arreglo a reglas de conducta análogamente paralelas a las que señala la urbanidad elemental para el extraño que, sin entrar a formar parte de una familia o sociedad, vive en la misma casa y frecuenta el mismo salón o círculo.

Desde luego, es de rigurosa necesidad la abstención absoluta de toda vida política. El visitante que se inmiscuyera en las rencillas familiares sería juzgado como incivil y merecedor de que en forma más o menos dura o suave lo pusieran de puertas afuera del hogar. Y así el extranjero entrometido en los asuntos cubanos, que conservando su ciudadanía extranjera hace política de partido o quiere descender a la arena pública pretendiendo ser por sí, o unido a sus iguales, un factor de la vida interna del Estado cubano, merece el dictado de intruso, y todo acto de la sociedad cubana tendente a excluir legalmente al extranjero del goce de unos derechos políticos que no le corresponden y que usurpa, será de aplaudir por todo espíritu consciente de lo que significa la cortesía y la educación así en la esfera familiar como en la internacional.

Es, pues, un deber del ciudadano extranjero en América —como en el mundo entero— el *de su abstención absoluta de la vida política* privativa del Estado en que reside.

En ese sentido, hay que combatir la intrusión ilegal de los extranjeros en nuestros asuntos públicos internos, y hemos roto lanzas contra las predicaciones extranjeras no solo en cuanto las estimamos nocivas para Cuba y utópicas para toda América, sino en cuanto venían de extranjeros que en nuestro propio país quisieron llevar aguas cubanas al molino de su política y depositar simientes extrañas en nuestro pobre tiesto, donde deben germinar tan solo fuerzas e ideas de la flora lujuriosa de la inmensa América.

Por eso combatimos las arengas retóricas y huecas de Cavestany y la trompetería patriotera de Rueda —aparte de sus aspectos monetarios y operetísticos—: por la intrusión de ellos en la política nuestra.

Por tal razón acusamos de indigna la venta del voto, frecuente entre los extranjeros de Cuba, como todos sabemos aquí; y entre los de la Argentina, como nos revelaba Ferri. Y de indigno le seguiremos tachando, aun cuando haya quien llegue a decir, por combatirnos, que en ello solo hay la indignidad del cubano comprador, como si el vendedor de su honra política pudiese ser un caballero.

Por igual motivo criticamos el hecho escandaloso de no hace muchos años de que ondeara la bandera española en nuestras manifestaciones políticas, y de postular tales o cuales candidatos a los puestos públicos por su fama de españoles nativos o de amigos y figuras del Gobierno colonial, con el fin de conseguir la cooperación electoral y económica de los españoles en las luchas del sufragio.

Por ello rechazamos una y otra vez el inconstitucional y anárquico proyecto, patrocinado por algunos españoles de indiscutible representación y hasta apadrinado por el cónsul español de Cárdenas, de federar todas las sociedades españolas de Cuba para crear así un organismo español en Cuba que pueda encararse con los poderes nacionales, influenciar la dirección política del pueblo cubano en el sentido que estimen conveniente los españoles, para asegurar sus intereses económicos, étnicos y morales y hasta para poder evitar —así llegó a escribirse— la repetición de actos como el llevado a cabo diplomáticamente por nuestro Gobierno, evitando que desembarcase el odioso general Polavieja y la aprobación de ciertas leyes que se estimaron por los directores de la colonia hispana, aunque no por la masa enorme de españoles inmigrados, como atentatorias a sus tradicionales posiciones.

Por eso batallaremos uno y otro día contra la intervención directa de la prensa extranjera en la lucha de los partidos, rechazando las campañas ilegales que a diario hacen en nuestro ambiente y hasta los zarpazos que lanzan al presupuesto so pretexto de auxilios políticos y en provecho propio o de allegados, hasta el punto de que no habría de serie difícil a cualquier residente en Cuba, clasificar a los diarios extranjeros con los mismos epítetos políticos en que podría dividir a los cubanos; gubernamentales u oposicionistas, según sople la racha del favor político o de sus intereses exclusivamente personales en relación con banderías cubanas.

¿Y esto es justo? ¿Y es esto digno para el extranjero en país ajeno? ¿Y es esto prudente tolerarlo por el pueblo que lo sufre?

El que en la mesa americana solo tenga cartas extranjeras, guárdese bien de querer meter baza en el juego nacional: será un tramposo.

Sus barajas no *ligan*, y no es honrado que juegue aquél a quien no le han servido carta.

XLI. La solidaridad patriótica

Discurso pronunciado en la repartición de premios del curso escolar de 1910 a 1911, celebrada por la Asociación de Dependientes del comercio de La Habana.

«Señor Presidente de la Asociación de Dependientes del Comercio de La Habana, Señor Superintendente de Escuelas Públicas de la Provincia, Señor Presidente de las Secciones de Filarmonía e Instrucción, Niñas y Niños que en este Centro recibís el pan del alma, Señoras y Señores:

Es costumbre inveterada, firmemente arraigada en este Centro de cultura y de civilización, la de que en estas fiestas solemnes en que se reparten los premios a la juventud que se despide de las tareas escolares del año, a esa juventud que abandona las aulas con caudales de conocimiento y que entra armada y resuelta en la lucha por la vida; que en estas fiestas solemnes, digo, haga uso de la palabra un personaje, una eminencia de la oratoria cubana, para que arengue a esa juventud, le dé estímulos, y se muestre como ejemplo que imitar y seguir en el futuro.

Por esta tribuna de civilización, de solidaridad y de franca democracia, han pasado prestigios de nuestra oratoria, como Montoro, el orador vibrante y majestuoso; Giberga, de oratoria incisiva y fuerte; Fernández de Castro, de oratoria dialéctica admirable, y muchos oradores más, cuyos nombres de gloria siento no poder recordar en estos precisos instantes.

Pero si esto es así, confesemos que la Asociación de Dependientes del Comercio de La Habana ha sufrido esta noche el primero, y, seguramente, el más grande de sus errores: el de hacer subir a esta tribuna de brillante tradición, a este modesto cubano, que sin títulos suficientes para ello, se ve honrado con tal galardón.

Yo bien sé que carezco absolutamente de dotes oratorias, yo bien sé que no triunfaré en esta tribuna donde han hecho uso de la palabra los gigantes de la oratoria de la patria mía, los sacerdotes de la elocuencia, y sé que en este lugar mis pobres palabras han de resultar mezquinas y acaso ridículas como las del último sacristán; pero el Presidente de vuestra Sección de Educación, el doctor Parrilla, ese veterano de las lides por la educación y la enseñanza en nuestro pueblo, se ha dado tal arte para que yo venga aquí esta noche, que me he visto en la necesidad de complacerle. Y por este motivo aquí me tenéis. Tened presente, pues, que de las molestias que yo os causo el culpable es el doctor Parrilla, y no este infeliz hablador.

Me dijo él que yo no tenía que decir más que cuatro palabras, pero que no podía excusarme de pronunciar esas frases cortas y breves, porque ostentaba un título que a ello me obligaba ineludiblemente. Me recordó que hace años fui nombrado Presidente de la Sección de Educación de la Sociedad Económica de Amigos del País, y que quien inmerecidamente ha heredado, por una serie no sé si de favorables o adversas circunstancias, aquel puesto, al cual dio tanta gloria al más eminente de los cubanos educadores, de los maestros de nuestra juventud, y uno de los más esforzados precursores de nuestro ideal de independencia patria, Pepe de la Luz Caballero; que aquél que ostentaba hoy aquel puesto no podía de manera alguna negarse a prestar su concurso a una fiesta también de cultura y también de civilización.

Y yo me dije: después de todo, bien está como castigo, que quien aceptó sin merecimientos y tuvo la audacia de subir al puesto que mereció las energías y actividades de los Saco, y de los Luz Caballero; quien cometió tal desaguisado, bien está que venga a purgarlo ahora desempeñando a su vez el cargo, por decirlo así, tradicional, del orador cubano que ha de hablar en esta tribuna, en la cual están todavía vivos y palpitantes los recuerdos de los inolvidables discursos de Montoro, Giberga, Dolz y Fernández de Castro.

Y a fe mía, que si la palabra me fuese fácil, y si tuviera siquiera una pequeñísima parte de la elocuencia de esos compatriotas míos, la tarea me sería muy cómoda, no tendría ni que escoger el tema, me bastaría, después de todo, como me indicó el doctor Parrilla, *decir cuatro palabras para salir del paso*; porque el único tema posible que se puede tratar en esta fiesta escolar, de instrucción y de solidaridad, es precisamente ese tema, el de la solidaridad, explicar la fuerza, el alcance y lo que significa la virtud de la solidaridad, esa virtud que es la única guía que conduce a la victoria a los pueblos grandes, que es el secreto de todos los triunfos y esa virtud que es el secreto de la vida misma.

Convengamos en que si donde hay vida, tiene necesariamente que haber actividad, acción, energía y fuerza, que si la vida es la fuerza, convengamos también en que la fuerza nace de la unión, como así dice hasta la misma filosofía popular en sus proverbios. Y puesto que también la vida es la fuerza, y la fuerza es unión, convengamos así mismo como conclusión necesaria, que la unión es la vida, o que la unión es el secreto de la vida misma, como así decía antes.

Hoy la explicación de esto es fácil; la ciencia, en su avance prodigioso, ha demostrado que esto no es simplemente la expresión de una conciencia popular, no es simplemente el alcance de un refrán o de un proverbio, sino que es algo más, es la expresión casi sagrada, científicamente positivista de una verdad sólida y firmemente alcanzada.

A pesar de las burlas, a pesar de las críticas de contrarios más apasionados sectarios que imparciales observadores, es lo cierto que, hace ya algunos años, la ciencia positivista adquirió una gran verdad, debida principalmente a Carlos Darwin, la del principio de «la lucha por la existencia». Todo lucha, donde no hay lucha no hay vida, y todo lo que vive tiene que luchar uno y otro día, y año tras año hasta el momento en que sobreviene la muerte. Todo lucha; lucha el astro que vaga en los espacios estelares, lo mismo que la infinitesimal molécula o el átomo reducido en la Naturaleza a ser un modesto componente de los cuerpos. Todo lucha: las piedras luchan, los seres inanimados luchan; la roca lucha con el embate de las olas. Y las olas luchan por destruir la pétrea resistencia de las peñas; y luchan los insectos; luchan los animales que se devoran unos a otros, según las necesidades de sus instintos y de su condición; y luchan los vegetales, luchan no solamente por absorber la savia y el vigor de la tierra, sino que luchan también por crecer y para desarrollarse; y luchan los hombres y luchan con tal fiereza y con tal ceguera, que no ahora, sino hace ya un milenar de años que un filósofo, que a la vez era poeta, hubo de decir, con gran razón, que el hombre era lobo del hombre; que acaso el único enemigo del hombre, era el hombre mismo.

Pero esto, acaso sea una exageración, y acaso sea una exageración precisamente, porque el hombre, lo mismo que todos los demás seres del universo, no lucha solo contra los seres de su especie y de su raza, lucha con los seres todos de la creación, contra el ambiente mismo, el clima, el Sol, el agua, los insectos, los microorganismos, los seres más insignificantes; no solo contra las fieras del desierto y de los bosques. En todas partes encontramos obstáculos a nuestra vida, en todas partes para obtener un triunfo necesitamos primero sostener una lucha, necesitamos empeñar un combate, necesitamos domeñar la fuerza extraña para alcanzar una victoria y hacernos triunfadores de esos obstáculos.

Pero claro está que si a esto se redujera la vida, la muerte sería la conclusión inmediata de cualquier tentativa y de cualquier actividad.

Ese principio que algunos consideran desconsolador, pero verdadero, el principio de la lucha por la existencia, viene templado por otro principio no menos exacto, no menos científicamente seguro, cual es el principio de la asociación para la lucha, y de la misma manera que luchan todos los seres, desde los inanimados hasta los seres superiores de la creación, de la misma manera también desde el hombre hasta los microorganismos y hasta los seres más pequeños, todos, absolutamente todos, con conciencia o sin ella, practican la fuerza, la cohesión, el triunfo de la asociación para esa misma lucha.

Los ejemplos abundan, son infinitos, tanto como infinitos son los seres.

La arena, por ejemplo ¿habrá algo más deleznable, habrá algo más débil, habrá algo que menos resista el empuje de una fuerza? Pues, sin embargo, el minúsculo, el casi imperceptible grano de arena triunfa también contra los embates del huracán y el empuje de las olas; pero triunfa no aisladamente, no solo, sino que triunfa por el mágico esfuerzo de la asociación. El grano de arena, que aislado de los otros es juguete de las olas en un constante ir y venir, se 'une a su compañero y más tarde a otro, y un grano se suma a otro grano hasta contarse por millones y formar una gran barrera que puede oponerse triunfadora al ataque de las olas y del viento, donde el mar domeña su ira y se rinde blandamente y donde tal parece que se trueca en caricia mansa la bofetada del oleaje.

Y se asocian, repito, los seres todos. Se asocian los vegetales; y ¿habrá algo más aparentemente inofensivo, y más inconsciente que un vegetal? Sin embargo, ved lo que sucede. Observad un árbol aislado en la pradera; crece tranquilo, sereno, parece seguro de su porvenir y de su fuerza; pero dejad que sople otra vez el ciclón y el huracán, y veréis cómo aquel árbol aislado se desgaja y cómo se desarraiga y se rinde a los esfuerzos de la fuerza mayor; pero haced que ese árbol se acerque a otro, dejad que vaya extendiendo sus raíces hacia el bosque vecino, dejad que crezca junto a ese árbol otro árbol, y luego otro hasta formar una espesa selva, y veréis cómo resisten y luchan con ventaja todos juntos contra la tempestad y el aquilón.

Y luchan juntos los animales todos: sirvan de ejemplo las hormigas. Arrojad un terrón de azúcar junto a un hormiguero, y veréis a una hormiga avisando a las otras, cómo todas acuden al llamamiento y van desintegrando los granos del terrón, todas las partículas de aquella sustancia, y cómo cada una va luego con la carga que le corresponde y cómo perfectamente disciplinadas marchan al hormiguero a depositar la dulce provisión que ha de ser la reserva de alimento para los días del triste invierno en que ellas no pueden salir fuera de la casa y del hogar de todas.

Las abejas mismas, seres insignificantes, seres débiles, encuentran su fuerza, la fuerza de su vida y de su resistencia, nada más que en la solidaridad. Están unidas, trabajan juntas, forman sus casas, que para nosotros y en la misma proporción de tamaño, resultarían catedrales, y forman también la miel que les sirve de alimento en los malos días, y pueden con fiereza cantar victoria, a pesar de que también las abejas tienen que resistir el peso parasitario de los zánganos, que hasta en eso los animales se parecen algunas veces a los hombres.

Y luchan en compañía las golondrinas cuando tienen que emigrar, y emigran juntas para resistir a los halcones y a los bandidos del aire; y luchan como ejército las sardinas, juntas también cuando tienen que emigrar en grandes bancos para poder resistir a los piratas de su especie. Y luchan todos los seres, pero se asocian para ello todos, porque el principio de la asociación para la lucha, no es principio derivado de la conciencia, no es un principio derivado del estudio y de la observación, sino que es un principio innato en todo ser, un principio que está en la naturaleza misma de las cosas.

Y si esto es así, confesemos que si yo pudiera hacer un discurso y pudiera pronunciar párrafos brillantes, no tendría que haber escogido más que un tema, único posible en esta fiesta, el tema de la unión para el combate por la vida: lo que significa la solidaridad social.

Después de todo, convengamos también en que si en algún pueblo del universo y si en algún instante histórico hace falta recomendar a la juventud que se abre a la vida civil, el ejercicio y la práctica de las virtudes y de la solidaridad, este pueblo es el pueblo cubano, y esos momentos históricos son los momentos presentes que atravesamos.

Yo no soy pesimista, yo miro el porvenir de mi patria con la frente altiva y de cara al Sol. Yo tengo una fe absoluta en el esplendor de sus días futuros: pero esa fe no me ciega, yo sé que Cuba, y no solo Cuba, sino todos los países y especialmente los países pequeños y débiles, están rodeados de contrarios y de enemigos esforzados y fuertes, y yo sé también que contra los ataques extraños no hay más que una defensa: la solidaridad de las propias fuerzas.

Es un consuelo quizás, saber que los pueblos no son fuertes porque sean grandes geográficamente, no son débiles porque sean pequeños en territorios y en población. Los pueblos grandes son los que son grandes en virtudes cívicas, y los pueblos pequeños son los que no tienen esas dotes de solidaridad cívica, que son las únicas armas que llevan al triunfo y a la victoria.

Pocas veces en el transcurso de la historia de los pueblos, habrá podido observarse una nacionalidad formada por elementos tan diversos y tan heterogéneos, como en definitiva son los que han venido a fundirse en la nacionalidad cubana.

Parece que ha sido por arte de magia. Casi todas las razas del universo se han dado cita en la isla de Cuba, trayéndose sus energías, sus virtudes y sus vicios para producir la nacionalidad presente.

Ya en los tiempos remotos en que nació Cuba de las negruras históricas del continente americano, estaba poblada por una raza distinta de la que hoy aquí está poblando, raza en decadencia, raza que tenía grandes vicios, pero que también tenía virtudes; raza cansada, resto acaso de una civilización milenaria, que fue insuficiente para alardear de poderosa en todo el continente, pero raza que pudo levantar los monumentos a la civilización de los pobladores de la Tierra firme, porque la Tierra firme era más favorable que el suelo de esta isla a la causa del progreso humano y levantó aquella civilización, cuyas ruinas todavía se admiran en México, Yucatán y en Guatemala.

Pero la raza pobladora de Cuba, repito, era raza en decadencia que estaba vecina a la ruina, y sucedió lo que tenía que suceder, que vino una raza superior, no corporal ni físicamente, pero superior en inteligencia y en virtudes cívicas, y esa raza fuerte, audaz y poderosa, triunfó de la raza débil, quedó en estrato, por decirlo así, en la parte inferior de la sociedad colonial de entonces, en el primer siglo del descubrimiento; y sobre ellos fueron sobreponiéndose capas de civilización y de raza nueva, y fueron fundiéndose en el crisol cubano dos elementos distintos, el elemento aborigen o indio y el elemento que venía de la región andaluza y del corazón de Castilla.

Y así fue creciendo poco a poco la civilización cubana, y se fue así cristalizando un pueblo; y sobre la raza débil de los indios, fueron sobreponiéndose las capas de la civilización y de la energía andaluza y castellana, y siglos posteriores las energías poderosas y triunfantes de la gente del septentrión de España esas energías han sido las de mayor penetración, las que con mayores actividades y con mayor energía han dado un sello más fijo a la sociedad de Cuba.

Pero no bastó esto; otra raza fuerte, si no en civilización, en la fuerza del número, vino también a sumarse a las otras en el suelo cubano, y ya en los primeros días del descubrimiento, desde el tercer viaje de Cristóbal Colón, la raza negra hizo su aparición en América y también en la isla de Cuba, y poco a poco la necesidad, los errores económicos de aquellos tiempos hicieron importar día tras día y siglo tras siglo numerosos cargamentos de pobladores africanos, que hoy forman una capa considerable de nuestra población.

Y todavía esto no era bastante; hubo necesidad todavía, debido a los mismos errores económicos, de traer nuevos elementos para que trabajaran el suelo cubano, y entonces vinieron individuos de las razas teutónicas de Europa, y de Inglaterra y otros elementos de distintas razas, a fundirse en el crisol de Cuba, a darnos su carácter, a darnos sus virtudes, sus vicios, su civilización y sus actividades.

Pero todavía no se han fundido las razas en Cuba. Pueden las razas, y así sucede en efecto, unirse, solidarizar sus energías para determinados movimientos patrióticos, intelectuales o sociales, pero todavía en el suelo de mi patria no hay una fusión de todas las razas, todavía no hay una integración perfecta de todas sus fuerzas, porque la Historia no lo ha querido así, y esto, señores, es un motivo de honda y de fuerte desintegración de las fuerzas sociales que deben integrar nuestra patria y nuestra nacionalidad.

A esto se unen motivos de orden económico; los vaivenes audaces de nuestra historia, los sacudimientos revolucionarios han conmovido una y otra vez la economía de la patria, la esclavitud primero, el establecimiento de los grandes ingenios de azúcar, los cultivos de las grandes plantaciones, la guerra de los diez años que destruyó la fortuna de la gran aristocracia criolla, causas fueron de desequilibrio y de inestabilidad económica.

Y después de todas estas camas de desintegración surgieron otras, naturales, entre ellas ¿por qué no decirlo? la política, que todavía no ha podido remontar los vuelos al ideal, al que fue ideal de una generación y de todo un siglo y sigue siéndolo para el pueblo honrado.

El día en que todos los componentes de la nacionalidad cubana lleguen a compenetrarse, a fundirse en el crisol de este pueblo, ese será un día de gloria, lo mismo que el día en que todas las aspiraciones de la política al uso tengan una sola finalidad coherente: el bien estable de la patria cubana.

Pero si el problema nuestro es ese, un problema de desintegración actual, si hay que prepararse contra las asechanzas y contra los peligros de los enemigos, hay que señalar los medios y hay que buscar las armas que nos den la fortaleza necesaria. Y no es ciertamente porque yo crea, como creen muchos, que nosotros tenemos un enemigo histórico, fatal y plenamente declarado, sino porque los enemigos de Cuba, repito, como los enemigos de todo pueblo, son *todos, absolutamente todos los pueblos extraños*. Las circunstancias históricas nos podrán presentar en un momento dado a tal o cual nación como enemiga nuestra más declarada que otra; pero la enemiga de un pueblo, repito, es la humanidad entera, no por malevolencia en el sentido moral y hasta religioso de la palabra, no porque esto sea un mal querer o un odio enconado, sino porque esto es una necesidad de la vida, porque pueblo que no lucha es pueblo perdido, porque la lucha es la vida, y por lo tanto para vivir hace falta luchar, y para luchar se imponía necesidad de un enemigo, que será constante o transitorio según la permanencia o movilidad de los intereses opuestos.

Y en esas luchas eternas ¡claro está! los pueblos pequeños son los que más tienen necesidad de defenderse.

Las armas, difíciles son de conquistar; pero las conocemos, y el conocimiento del peligro unido al conocimiento del remedio, creo que puede bastarnos para trabajar por el triunfo y haciéndolo con tesón, si la victoria no nos sonríe, en los días futuros de nuestra historia no se nos podrá echar la culpa, sosteniendo que hemos dejado pasar el tiempo cantando como la cigarra y olvidando un porvenir próximo, que yo espero risueño, pero que acaso por misterios que yo no pueda prever, el mañana no sea tan risueño como el que yo deseo para mi patria.

Y las armas, compañeros todos de esta fiesta de cultura y de solidaridad, pueden reducirse a una sola, a la solidaridad misma, que a su vez puede expresarse por una sola palabra: «civilización»; porque la civilización es la inteligencia; y la inteligencia es la que protege, es la que construye, es la que levanta, la que defiende y la que vence al fin.

En las batallas modernas, en los grandes cataclismos de la historia actual, no triunfan, como generalmente se cree, los soldados, ni los cañones, ni los capitanes; las guerras modernas no las ganan los soldados, las batallas las ganan otros factores más modestos que colaboran silenciosos para el engrandecimiento y bienestar de la patria; son los que fraguan en el yunque de la intelectualidad y del trabajo el carácter de los ciudadanos y las virtudes del pueblo; las batallas actuales, señores, no las ganan los soldados, las ganan las madres y los maestros de escuela.

Ya sabemos, pues, todos nosotros, donde tenemos el arsenal de nuestra fuerza, donde debemos armarnos para luchar. En los colegios e institutos de enseñanza tenemos nuestros armamentos, donde tenemos nuestros generales, donde tenemos nuestros acorazados, nuestros ejércitos. Los aparatos que el genio humano facilita al hombre para luchar contra el enemigo, no están en los arsenales, no están en los almacenes bélicos, sino que están en el hogar y en las aulas escolares, donde se realiza una obra de estudio, de trabajo y de santo amor a la patria: allí es donde se funde el bronce y el hierro que habrá que oponer en el día de mañana a los enemigos de la nacionalidad y de la civilización.

Y si así se plantea en breve síntesis, como un simple problema de civilización y de cultura cívica, el estado presente y el porvenir de la patria cubana, del suelo en que convivimos todos; es natural que insista sobre esta creencia, sobre esta fe en la cultura que nos es tan necesaria y que exhorte con el afán de que sigan por ese camino de redención a las Secciones de Filarmonía e Instrucción de la Asociación de Dependientes del Comercio de La Habana, porque ellas, por ser centro de enseñanzas, son otros tantos arsenales donde en el día de mañana habremos de acudir en busca de armamento, con fe en el porvenir de la patria, los que tengamos necesidad de encontrar las únicas armas posibles para la lucha con los extraños todos que sean opuestos a nuestra independencia y a nuestro progreso nacional.

Yo no he de cantar las excelencias de la instrucción, porque eso sería ofender la cultura de todos vosotros; pero acaso me sea permitido explicar por qué entiendo yo que hasta esa misma instrucción musical de la sección de Filarmonía desempeña un papel de importancia, y que no deja de tener su influencia en los días de su futura historia.

Porque en esas aulas de Filarmonía se aprende música; pero no solamente, como podréis ver leyendo el programa de esta fiesta, la música de los grandes genios del arte, no solamente la música clásica, la música producto dé la inspiración suprema de los hombres, sino también la música que es fruto del genio de los pueblos.

Yo estoy firmemente convencido, y vosotros lo estaréis también, de que cuando se oye la música de la patria, la música del pueblo en que uno vio por primera vez la luz del Sol, la música de la patria chica, se experimenta más fortaleza, se siente más hondo, se palpita más sinceridad, y que esa música sencilla y sentimental le hace cobrar a uno más bríos para batallar y vencer en la lucha por la vida.

Decidme, si no, vosotros los hijos del Septentrión de España que aquí me escucháis, si no llegan hasta lo más profundo de vuestras almas las notas soñadoras de vuestras gaitas, de las dulzainas y del tamboril, si no os sentís más hijos de vuestra tierruca y más fuertes para entrar por el que fuere vuestro ideal.

Decidme, vosotros, los hijos de esa fuerte tierra de hierro de Vizcaya, de esa raza milenaria que también se muestra con vigores férreos, si al compás de vuestros *zortzicos* no os parece que reverdecen vuestras glorias forales, no se afirman los cimientos de vuestro espíritu nacional y no miráis más seguro vuestro porvenir.

Decidme vosotros, los nacidos en la activa Cataluña, si al enlazar las manos para bailar vuestras rítmicas *sardanas* no percibís un sacudimiento de vuestro espíritu y si al uniros para la danza no os creéis también unidos más firmemente para el cumplimiento de vuestros deberes cívicos y la acentuación de vuestra personalidad nacional.

Decidme, andaluces que aquí os halláis, si vuestros sentidos cantos, ora lastimeros como una nostalgia, ora alegres como una esperanza, no os atan más y más a la tierra de vuestros amores, de donde surgieron los conquistadores del mundo americano y cuya sangre os hace vivir, junto con aquella otra (¿por qué no?) de los árabes, de esos creadores de aquella civilización augusta en plena Edad Media, que llegó a ser envidia de pueblos europeos y cristianos.

Y, por fin, decidme, compatriotas míos, si al escuchar un *zapateo* cubano, o unas *guajiras* o un *punto criollo*, no llega hasta vosotros fácilmente junto con el aura popular de nuestros palmares, el espíritu de nuestra historia y el sentimiento de amor por la patria y de fe en su porvenir.

Pero, ¿por qué todo esto? ¿Por qué la música popular es más elocuente y nos dice más cosas que las grandes creaciones del genio musical?

Sencillamente, porque la música popular no es tan solo un tejido de sonidos de arte; la música popular es algo más, lleva en sus cadencias y ritmos la canción inolvidable con que nuestra santa madre nos arrullaba en la cuna, entre besos y caricias, la canción infantil, que alegraba los juegos de nuestros primeros años, la canción con que cortejábamos a nuestras novias en los días felices de la juventud soñadora; porque la música popular vibra como el himno patriótico que nos arrastra al combate y al sacrificio; porque encierra hasta la plegaria misma que se entona sobre la tumba de los padres; porque la música popular encarna todos esos sonidos del espíritu que solo pueden escuchar los que escuchan con el corazón.

Porque ella es algo más que la voz del arte, es la voz de todo un pueblo, el alma común de las generaciones. Fortifiquemos,. pues, la enseñanza de las emociones musicales y de las músicas de los pueblos, que donde quiera que canten los pueblos, cantarán las patrias, y donde quiera que las patrias canten, sus cánticos y sus voces nos hablarán de grandezas, de fraternidad, de progreso, de trabajo y de amor.

XLII. Cuba y sus hermanas

Por el cuadro estadístico *número uno*, podemos ver cómo la República cubana, por su extensión, ocupa entre todas sus hermanas de América el 13.º lugar, comenzando a contar por las de mayor importancia. En cambio, por el número de habitantes logra ser la novena, lugar que superará en breve por el notable movimiento ascensional que registran las estadísticas y que indudablemente no habrá de moderarse en mucho tiempo. Y claro está que de estos dos datos se deduce un tercero, el de la mayor densidad de población, pues, en efecto, desde este punto de vista Cuba ocupa el cuarto lugar, y por encima de ella solo están el Salvador, Haití y Guatemala.

Cuba es, pues, uno de los países más poblados de América, a pesar de su larga historia belicosa, sin que esto quiera decir que no podamos todavía ofrecer tierra y hogar a varios millones de emigrantes y compatriotas más.

Por el cuadro *número dos* se ve que Cuba, por la importación total de mercancías, ocupa el tercer lugar; es el país latinoamericano que compra más al extranjero, exceptuando solo a la Argentina y Brasil, y es el país de igual grupo que compra más a los Estados Unidos, exceptuando a México.

Si se compara la importación norteamericana con la de otros países, entonces Cuba es solamente la séptima, pues hay naciones, como Honduras, cuyo 69 % de importación procede de los Estados Unidos, y otras como Haití, México, Nicaragua, Santo Domingo y Costa Rica, que le aventajan en ese sentido. Sobre todo, la importación norteamericana en México, es notabilísima. Esta casilla del cuadro es todo un tratado de diplomacia anglosajona.

En cuanto a la exportación total, Cuba alcanza un lugar del que debemos estar orgullosos. Es Cuba la tercera república latinoamericana en cuanto a exportación; solo la Argentina y el

Brasil la aventajan. Cuba exporta más que México y Chile y que todas las demás.

Y Cuba es la segunda tocante a su exportación a los Estados Unidos, a los que vende por valor de 122.190.000 pesos (Mientras solamente les compra 49.956.900, dicho sea de paso). Y es también la segunda en cuanto a su intimidad con el mercado norteamericano y en cuanto a exportación; solamente Honduras tiene una proporción mayor en relación con el total del comercio de exportación.

El cuadro número tres es consolador y digno de nota, como lo es el siguiente número cuatro. Ellos bastan para echar por tierra la ruin leyenda de la haraganería cubana, cuando Cuba es la que demuestra, entre todas las naciones hermanas, mayor capacidad comercial.

Cuadros

Cuadro número uno
Extensión territorial y Población

	Extensión: millas cuadradas	Población: número de habitantes, 1909		Habitantes por millas cuadradas	
Brasil	3.291.416	20.615.000	1	6.23	18
Argentina	1.139.196	6.806.000	3	5.98	19
México	767.323	15.000.000	2	19.55	7
Perú	663.321	4.580.000	4	6.67	17
Bolivia	567.643	2.268.000	8	4.00	29
Colombia	435.278	4.320.000	5	9.92	14
Venezuela	363.822	2.264.000	7	7.32	16
Chile	292.743	3.254.000	6	11.12	12
Ecuador	118.627	1.500.000	13	12.64	10
Paraguay	97.722	716.000	16	7.33	15
Uruguay	72.172	1.112.000	14	15.41	9
Nicaragua	49.532	600.000	18	12.11	12
CUBA	45.881	2.049.000	9	44.66	4
Honduras	44.274	745.000	15	16.83	8
Guatemala	43.641	1.992.000	11	45.65	3
Panamá	33.776	419.000	19	12.41	11
Santo Domingo	18.756	674.000	17	35.94	5
Costa Rica	18.691	369.000	20	19.74	6
Haití	11.072	2.000.000	10	208.94	2
El Salvador	8.170	1.707.000	12	2.08.94	1

El cuadro referente al comercio exterior de las naciones de la América latina es, por lo que respecta a Cuba, más elocuente todavía.

Cuadro número dos

Comercio exterior[4]

	Año	Importación total	Importación	Lugar por cantidades	Por ciento
1 Argentina	1909	$ 292.160.000	$ 41.561.000	3	14.23
2 Brasil	1909	170.690.000	22.266.000	4	12.39
3 CUBA	1909-1910	98.240.000	49.956.000	2	50.85
4 México	1909	909.039.000	56.213.000	1	57.93
5 Chile	1909	94.350.000	9.601.000	5	10.18
6 Uruguay	1909	38.643.000	4.016.000	9	10.39
7 Perú	1908	29.199.000	5.815.000 (a)	6	19.92
8 Bolivia	1909	14.775.000	4.349.000	8	29.43
9 Colombia	1909	10.561.000	3.679.000 (a)	11	34.83
10 Venezuela	1908-1909	9.492.000	2.754.000	13	29.01
11 Ecuador	1908-1909	9.252.000	2.398.000	15	25.64
12 Panamá	1908-1909	8.756.000	4.997.000	18	57.09
13 Costa Rica	1908-1909	6.110.000	3.376.000	12	55.25
14 Haití	1908-1909	5.881.000	3.937.000	10	66.94
15 Guatemala	1909	5.251.000	1.745.000	17	33.23
16 Santo Domingo	1909	4.645.000	2.593.000	4	55.82
17 Paraguay	1908-1909	4.073.000	2.23.000	20	5.48
18 El Salvador	1909	4.177.000	1.344.000	19	32.18
19 Nicaragua	1909	3.500.000	1.475.000	7	52.14
20 Honduras	1908-1909	2.582.000	1.770.000	16	68.55

4   (a) Tomados de informes del Gobierno Norteamericano. (N. del A.)

Lugar por tanto por ciento	Exportación total		Exportación a los E.U.A.	Lugar por cantidades	Por ciento	Lugar por tanto por ciento
16	$ 383.443.000	1	25.154.000	4	6.56	17
17	308.330.000	2	123.817.000	1	40.15	9
7	144.037.000	3	122.119.000	2	84.84	2
3	129.508.000	4	98.100.000	3	75.75	4
19	110.315.000	5	19.650.000	5	17.81	15
18	47.621.000	6	5.709.000	9	11.99	16
15	29.686.000	7 (a)	5.857.000	8	19.73	14
12	22.703.000	8 (a)	896.000	18	3.95	19
9	15.513.000	10	7.010.000	7	45.19	7
13	16.047.000	9 (a)	7.186.000	6	44.78	8
4	12.439.000	11	3.416.000	12	27.46	13
8	1.502.000	20	1.265.000	16	84.22	3
6	8.176.000	15	4.802.000	10	58.73	5
2	11.008.000	12	526.000	19	4.78	18
10	10.079.000	13 (a)	3.122.000	13	30.98	11
5	8.177.000	14	4.765.000	11	58.27	6
20	3.867.000	17	1.000	20	0.03	20
11	6.361.000	16	1.879.000	14	29.54	12
4	3.600.000	18 (a)	1.098.000	17	30.50	10
1	1.991.000	19	1.835.000	15	92.16	1

Cuadro número tres
La Importación según el número de habitantes

Cuba	47.95
Argentina	42.93
Uruguay	34.75
Chile	29.00
Panamá	20.90
Costa Rica	16.56
Brasil	8.76
Santo Domingo	6.89
Bolivia	6.51
México	6.47
Perú	6.40
Ecuador	6.23
Nicaragua	5.83
Paraguay	5.69
Venezuela	3.56
Honduras	3.47
Haití	2.94
Guatemala	2.64
El Salvador	45
Colombia	2.44

Cuadro número cuatro
La Importación según el número de habitantes

Cuba	70.30
Argentina	56.34
Uruguay	42.82
Chile	33.90
Costa Rica	22.16
Brasil	15.03
Santo Domingo	12.13
Bolivia	10.01
México	8.63
Ecuador	8.29
Perú	6.51
Venezuela	6.02
Nicaragua	6.00
Haití	5.50
Paraguay	5.40
Guatemala	5.06
El Salvador	3.73
Colombia	3.59
Panamá	3.58
Honduras	2.67

Libros a la carta

A la carta es un servicio especializado para
empresas,
librerías,
bibliotecas,
editoriales
y centros de enseñanza;
y permite confeccionar libros que, por su formato y concepción, sirven a los propósitos más específicos de estas instituciones.

Las empresas nos encargan ediciones personalizadas para marketing editorial o para regalos institucionales. Y los interesados solicitan, a título personal, ediciones antiguas, o no disponibles en el mercado; y las acompañan con notas y comentarios críticos.

Las ediciones tienen como apoyo un libro de estilo con todo tipo de referencias sobre los criterios de tratamiento tipográfico aplicados a nuestros libros que puede ser consultado en Linkgua-ediciones.com.

Linkgua edita por encargo diferentes versiones de una misma obra con distintos tratamientos ortotipográficos (actualizaciones de carácter divulgativo de un clásico, o versiones estrictamente fieles a la edición original de referencia).

Este servicio de ediciones a la carta le permitirá, si usted se dedica a la enseñanza, tener una forma de hacer pública su interpretación de un texto y, sobre una versión digitalizada «base», usted podrá introducir interpretaciones del texto fuente. Es un tópico que los profesores denuncien en clase los desmanes de una edición, o vayan comentando errores de interpretación de un texto y esta es una solución útil a esa necesidad del mundo académico.

Asimismo publicamos de manera sistemática, en un mismo catálogo, tesis doctorales y actas de congresos académicos, que son distribuidas a través de nuestra Web.

El servicio de «libros a la carta» funciona de dos formas.

1. Tenemos un fondo de libros digitalizados que usted puede personalizar en tiradas de al menos cinco ejemplares. Estas personalizaciones pueden ser de todo tipo: añadir notas de clase para uso de un grupo de estudiantes, introducir logos corporativos para uso con fines de marketing empresarial, etc. etc.

2. Buscamos libros descatalogados de otras editoriales y los reeditamos en tiradas cortas a petición de un cliente.